PROCÉDURES PÉNALES ORDINAIRE ET MILITAIRE EN DROIT CONGOLAIS

Spécificités

Jacques SELELE TANGANIKA

PROCÉDURES PÉNALES ORDINAIRE ET MILITAIRE EN DROIT CONGOLAIS

Spécificités

Préface de Carine BAPITA BUYANGANDU

L'Harmattan

5-7, rue de l'École-Polytechnique ; 75005 Paris

www.editions-harmattan.fr

ISBN : 978-2-14-034519-7
EAN : 9782140345197

Abréviations

AFDL : Alliance des Forces Démocratiques pour la Libération du Congo

Al : Alinéa

Art : Article

CJM : Code Judiciaire Militaire

CPI : Cour Pénale Internationale

COCJ : Code d'Organisation et des Compétences Judiciaires

CPM : Code Pénal Militaire

CPP : Code de Procédure Pénal

C.S.J : Cour Suprême de Justice

C.S.M : Conseil Supérieur de la Magistrature

DUDH : Déclaration Universelle des Droits de l'Homme

EIC : État Indépendant du Congo

HCM : Haute Cour Militaire

MAP : Mandat d'Arrêt Provisoire

O.L : Ordonnance-Loi

O.M.P : Officier du Ministère Public

OPJ : Officier de Police Judiciaire

PIDC : Pacte International relatifs aux Droits Civils et Politiques

R.D.C : République Démocratique du Congo

Remerciements

Je tiens de prime abord à rendre grâce à Dieu, le tout puissant et omniscient, qui a permis la réalisation de cet ouvrage par la force et l'intelligence qu'il nous a dotées.

Je remercie d'une manière particulière Maître Carine BAPITA BUYANGANDU pour m'avoir accepté comme stagiaire dans son cabinet où j'ai fourbi mes premières armes comme avocat. Je suis heureux qu'elle soit la préfacière de mon tout premier ouvrage.

À mes parents SELELE LETOKOLOMBO Sébastien, ELUMA LOKILO Louise, AMOTO LOKULI Lucie, FETI MANDA Jeannette, ma défunte tante LEMOY LOKONA Henriette, qu'ils tirent dans le présent ouvrage les fruits de leur sacrifice consenti pour mon instruction.

À ma tendre épouse YANDANU YEKATE Josiane et à mes enfants SELELE LETOKOLOMBO Christici-Sébastien, LEMOY MBOMA Henriette et SELELE NDANU BOBO Saint-Evariste, SELELE ELUMA Immaculée qu'ils comprennent que ce n'était pas pour rien que papa passait des nuits entières à travailler.

Je tiens à remercier tous ceux qui m'ont soutenu et encouragé pour la réalisation de ce livre. Je cite : Excellence ILONGO TOKOLE Jean, Professeur BONGELI YEIKELO ya ATO Emile, Général LOOSA EKILI Roger, Professeur OKANGOLA EKILI Freddy, Maîtres MUBIALA LUBAYA Cyrille, GESSARA KOYAMBO Delphin, MUTSHIPAYI KALUBI Célestin, KAMBALE BIRA'MBOVOTE Jacques, MUNTUMBI MWASHAL Juvénal, TANGELI ESONGA Séraphin, KONGOLO MUKENDI Joseph et les autres que je n'ai pas cités nommément.

Je ne saurais clore ce mot sans rendre hommage à ce grand Baobab scientifique rappelé auprès du père, le Sénateur et Professeur LABAMA LOKWA Bernard d'heureuse mémoire, qui m'a donné le goût de la recherche par ses multiples publications.

Préface

Lorsque j'étais appelée à rédiger le rapport de fin de stage de l'auteur de cet ouvrage en ma qualité de son patron de stage, j'avais écrit ceci : « *Maître Jacques SELELE TANGANIKA est un avocat bien formé, un chercheur des doctrines et jurisprudences sans concurrence. Son sens d'éveil et de recherche me pousse à confirmer la main sur le cœur qu'il a de l'avenir dans notre profession.* »

Aujourd'hui, je suis ravie quand l'estimé confrère Maître Jacques SELELE TANGANIKA m'a sollicitée pour préfacer son ouvrage intitulé : « *Procédures pénales ordinaire et militaire en droit congolais : Spécificités* ».

A travers cet ouvrage, l'auteur a procédé à une stricte analyse des points spécifiques qui différencient la procédure pénale militaire de la procédure pénale ordinaire.

L'auteur, tout en comparant la procédure pénale militaire à la procédure pénale ordinaire, fait ressortir les spécificités de ces deux procédures, notamment dans l'organisation des juridictions, l'action publique, les modes de saisine, les exploits et leur signification, la phase préjuridictionnelle, le déroulement des audiences, des voies de recours et de l'exécution des décisions judiciaires.

Caractérisée par la célérité, la procédure pénale militaire est appelée à s'humaniser c'est-à-dire, à respecter les principes énoncés dans la Déclaration Universelle des Droits de l'Homme, du Pacte International relatif aux Droits Civils et Politiques ainsi que d'autres traités internationaux ratifiés par la République Démocratique du Congo, dont le Statut de la Cour Pénale Internationale.

Si certains auteurs ont déjà traité dans leurs ouvrages de la procédure pénale militaire, ici l'auteur a, en sa qualité de spécialiste en droits de l'homme, tenu à relever les spécificités de ces deux procédures tout en relevant les écarts existant entre les textes qui régissent les deux procédures et les traités internationaux relatifs aux droits de l'homme.

Le présent ouvrage est subdivisé en sept chapitres. Le premier traite de l'organisation des juridictions pénales ordinaires et militaires ; le deuxième parle de l'action publique ; le troisième traite de la saisine des juridictions ; le quatrième aborde les points relatifs aux exploits et leurs significations ; le cinquième traite du déroulement de l'audience ; le sixième examine les voies de recours et le septième, enfin, aborde l'exécution des décisions rendues et une conclusion à la fin.

Pourquoi ne pas encourager ce genre d'intelligence dans la poursuite de la recherche en matière de droit afin de produire d'autres ouvrages pouvant contribuer à une bonne administration de la justice et au rayonnement de la procédure pénale congolaise.

Je souhaite un bon vent à cet opus.

Maître Carine BAPITA BUYANGANDU

Conseil à la Cour Pénale Internationale

Introduction

Cet ouvrage porte sur les spécificités de la procédure pénale ordinaire et militaire.

Certaines raisons justifient la présente investigation. En effet, la procédure est la clé de réussite de tout processus juridique. Elle est le fondement de la garantie de droits et libertés fondamentaux, car les règles de procédure pénale constituent un véritable thermomètre de la température démocratique d'un État de droit, comme l'affirme le professeur BAYONA-ba-MEYA.

La procédure pénale est l'ensemble des lois de forme qui définissent les règles de compétence, de recherche, de constatation, de poursuite, de jugement des infractions et de la condamnation du délinquant. En somme, la procédure pénale est une conquête contre l'arbitraire, en ce qu'elle concilie l'efficacité de la répression destinée à protéger la société et les garanties nécessaires à une défense pleine et entière reconnues à toute personne soupçonnée d'avoir commis une infraction. Elle est donc la garantie des libertés de l'individu et les droits de la défense sans le respect desquels il ne saurait y avoir une vraie justice.

La justice militaire comme la justice de droit commun[1] relèvent du pouvoir judiciaire étant donné qu'en République Démocratique du Congo, il n'existe qu'une et unique justice républicaine qui est rendue aussi bien chez les civils que chez les militaires. La justice militaire rentre dans l'ordre judiciaire du pouvoir judiciaire, en dépit du débat sempiternel entre les tenants du courant « *retentionniste* » et ceux de tendance « *suppressioniste*», c'est-à-dire, entre ceux qui soutiennent le maintien et ceux qui soutiennent la suppression des juridictions

[1] Le droit commun renvoie à la procédure pénale ordinaire.

militaires au motif que les militaires sont des citoyens comme les autres.[2] La plupart des États démocratiques de la famille Romano-germanique ont eu à supprimer les juridictions militaires en temps de paix.

Le pouvoir disciplinaire des magistrats militaires comme les magistrats civils est exercé par le Conseil Supérieur de la Magistrature conformément à la loi organique n° 06/020 du 20 octobre 2006 portant Statut des magistrats telle que modifiée et complétée successivement par la loi organique n° 08/0193 du 05 août 2008 et la loi organique n° 15/014 du 01 août 2015. Mais tenant compte des particularités de la vie militaire et du rôle particulier de l'armée qui ne peut s'embarrasser des actions purement dilatoires à l'égard desquelles le Code de Procédure Pénale ordinaire se montre très indulgent, le législateur a aménagé des dispositions dérogatoires à ce droit commun afin d'éviter le blocage à une répression rapide.[3] Toutefois, il sied de souligner que la justice militaire, en RDC, n'est pas une justice d'exception.[4]

C'est dans ce sens que l'article 129 du Code de Justice Militaire affirme que devant les juridictions militaires, la procédure en usage est celle du droit commun, c'est-à-dire le Décret du 06 août 1959 portant Code de procédure pénale, sous réserve des dispositions spéciales du Code Judiciaire Militaire.

Aussi, le législateur congolais, tout en définissant la justice militaire comme étant une justice indépendante relevant du pouvoir judiciaire, chargée de faire respecter la loi et de renforcer le maintien de l'ordre public et de la discipline au sein des forces armées et de la Police Nationale Congolaise, a élaboré des dispositions différentes au droit commun pour astreindre cette catégorie des citoyens que sont les militaires et les policiers

---

[2] MAYIZA KALA J : *Droit judiciaire militaire congolais,* CERJI, Kin, 2021, p.10.

[3] Loi 13/005 du 15 janvier 20132 portant statut du militaire des Forces Armées de la République Démocratiques du Congo.

[4] Article 149 alinéa 1er de la Constitution de la RDC du 18/02/2006 telle que révisée à ces jours.

à un respect rigoureux des lois lorsqu'ils commettent des infractions punies à la fois par le Code pénal ordinaire et le Code pénal militaire.

En clair, la procédure militaire est ponctuée par des règles qui la distinguent de celles applicables en procédure pénale ordinaire.

A ce stade, il y a lieu de relever que notre pays a opté pour le système moniste qui veut que les traités et accords internationaux régulièrement conclus par la RDC aient, dès leur publication, une autorité supérieure à celle des lois[5] étant donné que les cours et tribunaux, à travers la procédure judiciaire, sont les garants de protection des libertés individuelles et des droits fondamentaux.[6]

L'objectif majeur de ces pages est de dégager les spécificités de la procédure pénale militaire par rapport à celle ordinaire (droit commun) en droit congolais.

Ce livre intéresse, non seulement, les magistrats, les avocats, les défenseurs judiciaires, les enseignants en droit, les étudiants ainsi que les militaires et les policiers mais aussi toute personne résidant en République Démocratique du Congo qui peut se retrouver devant les juridictions militaires dans une situation normale ou en cas d'état de siège ou d'état de guerre conformément aux dispositions des articles 85 alinéa 1er et 156 alinéa 2[7] de la Constitution. C'est le cas actuellement dans les provinces de l'Ituri et du Nord Kivu avec l'Ordonnance n° 21/015 du 03 mai 2021 portant proclamation de l'état de siège

---

[5] Article 215 de la Constitution.

[6] Article 150 al 1er de la Constitution.

[7] En temps de guerre ou lorsque l'état de siège ou d'urgence est proclamé, le Président de la République, par une décision délibérée en Conseil des Ministres, peut suspendre sur tout ou partie de la République et pour la durée et les infractions qu'il fixe, l'action répressive des Cours et tribunaux de droit commun au profit de celle des juridictions militaires.

sur une partie du territoire de la RDC[8] où les civils se voient appliquer la procédure pénale militaire. Aussi, je ferai des propositions de *lege ferenda* pour que nos textes, particulièrement ceux relatifs aux procédures judiciaires tant ordinaire que militaire, puissent se conformer aux textes juridiques internationaux. A l'instar la Déclaration Universelle des droits de l'homme, [9] le Pacte International relatif aux Droits Civils et Politiques du 16 décembre 1976 entré en vigueur le 23 mars 1976 ratifié par la RDC le 1er novembre 1976 ; le Statut de la Cour Pénale Internationale ratifié par la RDC par le Décret-loi n° 003/2002 du 30 mars 2002 ; la Charte africaine des droits de l'homme et des peuples ratifiée par la RDC le 20 juillet 1987 par l'Ordonnance-loi n° 87-027 du juillet 1987 ; la Convention (I) de Genève pour l'amélioration du sort des blessés et des malades dans les forces armées en campagne de 1949 ratifiée par la RDC en 196 ; la Convention (II) de Genève pour l'amélioration du sort des blessés, des malades et des naufragés des forces armées sur mer de 1949 ratifié par la RDC 1961 ; Convention (III) de Genève relative au traitement des prisonniers de guerre[10] de 1949

---

[8]Article 6 de l'Ordonnance n° 21/016 du 03 mai 2021 portant mesures d'application de l'état de siège sur partie du territoire de la RDC qui dispose : « *Pour toute la durée de l'état de siège, la compétence pénale des juridictions civiles est dévolue aux juridictions militaires* ».

[9]Cette déclaration n'est pas un instrument international juridiquement contraignant pour les Etats. Elle se présente comme une affirmation d'idéaux sans contrainte juridique ni force obligatoire. Toutefois, certains de ses principes généraux du droit y sont affirmés au sens de l'article 38 1° (C) des Statuts de la Cour Internationale de Justice. D'autres constituent des principes élémentaires d'humanité et ont à ce titre au moins des effets juridiques directs. L'importance de cette Déclaration procède surtout de son origine : elle émane de l'Assemblée Générale des Nations-Unies et s'appuie sur divers articles de la Charte des Nations-Unies. Elle a eu dès son adoption et conserve de nos jours un poids moral incontestable. Elle marque, dans l'histoire des droits de l'homme, une étape décisive, en ajoutant aux documents nationaux antérieurs une dimension internationale : Elle élargit ainsi à la communauté mondiale toute entière le champ d'exercice des droits de l'homme. Actuellement, elle fait partie de la coutume internationale.

[10] Les prisonniers de guerre sont des membres des forces armées d'une partie au conflit qui, au cours d'un conflit armé international, sont

ratifiée par la RDC en 1961 et ses trois protocoles additionnels… que la République Démocratique du Congo a ratifiés.

Quelles sont les spécificités de la procédure pénale militaire au regard de celle ordinaire (droit commun) en droit congolais ? Telle est la problématique majeure de ces pages.

Cette réflexion a pour hypothèse notamment la connaissance des particularités de la procédure pénale militaire par rapport à la procédure pénale ordinaire. Il s'avère indispensable avant tout pour les praticiens de droit, à savoir les magistrats militaires et civils étant donné que le législateur offre à ces derniers la possibilité de faire partie de la composition du siège d'une juridiction militaire et vice-versa ainsi que l'opportunité aux juridictions ordinaires de juger des personnes relevant de la compétence des juridictions militaires.

Comme limites, cet ouvrage n'est que la réponse à l'appel lancé par un savant du droit en ces termes : « *La porte reste donc ouverte aux autres praticiens du droit afin de nous rejoindre dans ce monde scientifique où l'apport de chacun reste indispensable* ».

Je n'ai pas la prétention d'épuiser le débat sur les spécificités de la procédure pénale ordinaire et militaire. Je souhaite que les réflexions des autres complètent et enrichissent ces écrits. Ma démarche est une lecture critique de la pratique de la procédure pénale ordinaire et militaire en droit congolais.

L'herméneutique des textes y référant, enrichi par l'expérience de terrain m'ont permis d'asseoir mes analyses pour dégager les spécificités de la procédure militaire par rapport à celle ordinaire en droit congolais.

Dans le cadre de cette étude, nous essayons d'abord de relever les spécificités de la procédure pénale militaire par rapport à la procédure pénale ordinaire, notamment dans l'organisation de ces deux types d'instances, les spécificités dans

---

tombés aux mains de l'autre partie. Ils conservent leur statut de soldat pendant la capacité.

l'instruction préparatoire, les organes chargés de la mise en mouvement et l'exercice de l'action publique, dans la poursuite, lors de l'instruction à l'audience, pendant la délibération et en matière du prononcé et la rédaction des jugements, dans les voies des recours et dans l'exécution des décisions.

Ainsi, cet ouvrage est subdivisé en sept chapitres à savoir : de l'organisation des juridictions pénales ordinaires et militaires (Chapitre I) ; de l'action publique (Chapitre II) ; de la saisine des juridictions (Chapitre III) ; des exploits et leurs significations (Chapitre IV) ; du déroulement de l'audience (Chapitre V) ; des voies de recours (Chapitre VI) ; de l'exécution des décisions rendues (Chapitre VII) et la conclusion.

Chapitre I : De l'organisation des juridictions pénales ordinaires et militaires.

Ce chapitre a pour matrice l'organisation des juridictions pénales ordinaires et militaires. De fait, les spécificités ou les particularités de la procédure pénale militaire par rapport à la procédure pénale ordinaire apparaissent non seulement dans l'organisation des juridictions mais aussi dans les textes qui les régissent.

Section I : Des textes juridiques régissant les procédures pénales ordinaire et militaire.

Paragraphe I : Les textes juridiques régissant la procédure pénale ordinaire.

Au lendemain de sa création, l'Etat Indépendant du Congo n'avait qu'un seul tribunal appelé Tribunal de première Instance de Banana au Bas-Congo créé par le Décret du 9 janvier 1886 lequel tribunal était exclusivement une juridiction répressive. Ce tribunal n'avait qu'une compétence territoriale limitée au Bas-Congo et n'était compétent qu'à l'égard des contestations dans lesquelles un non indigne, l'Etat ou l'administration publique étaient partie. Les contestations entre indigènes étaient exclues de sa compétence.

Lorsque l'Etat Indépendant du Congo, E.I.C en sigle, entreprit l'administration de son vaste territoire, la nécessité d'une organisation judiciaire et d'une législation s'imposa à lui et devant l'impossibilité d'improviser des lois complètes et détaillées, il commença par édicter une disposition qui permettrait aux tribunaux de suppléer à l'absence ou à l'insuffisance des textes : L'Ordonnance du 14 mai 1886 de l'Administrateur général au Congo approuvée par le Décret du

12 novembre 1886[11] laquelle Ordonnance est toujours en vigueur jusqu'à ce jour[12]. Cette Ordonnance stipule qu'en cas de silence des lois, les contestations sont jugées d'après les coutumes locales, les principes généraux du droit et l'équité.

Bien que ce texte soit généralement reproduit dans les Codes en tête de la législation civile, il s'applique en réalité à toutes les branches du droit congolais [13] même en matière de procédure pénale. Il constitue la disposition fondamentale à laquelle on doit recourir pour suppléer aux nombreuses lacunes des décrets et ordonnances.

En procédure pénale, après avoir édicté quelques textes provisoires, l'Etat Indépendant du Congo régla la procédure par le Décret du 27 avril 1889. Des nombreuses dispositions de taille le complétèrent peu à peu, sans rien y changer d'essentiel et des procédures spéciales furent instituées par le Décret du 19 décembre 1906 pour la juridiction des Officiers du Ministère public ainsi que par le Décret du 25 avril 1917.

Le Décret du 27 avril 1889 avait institué les juridictions supplétives et les juridictions définitives dans les parties du territoire où il n'y avait pas des tribunaux de première instance. Lorsque, à raison des difficultés de communications, le tribunal de première instance était empêché de siéger régulièrement dans certaines parties du ressort, le Gouverneur Général pouvait autoriser le suppléant qu'il était appelé à désigner d'une manière permanente comme juge territorial et avec telle juridiction territoriale qu'il fixait. Dans la suite, ces tribunaux se fixèrent de façon plus solide.

---

[11] MUKADI BONY et KATUALA KABA KASHALA, *Procédure civile,*
Batena Ntambwa, Kinshasa, 1999, p. 17.

[12] KIKANGALA EBONDO Didi, *Le pénal tient le civil en état. Interprétation et application par les juridictions congolaises,* les Erudits, Lubumbashi, 2014, p.2.

[13] SOHIER Antoine, *Droit de procédure du Congo belge,* 2e éd, Larcier, Bruxelles, 1955, p.11.

C'est par le Décret du 03 juin 1906 sur la justice que d'autres tribunaux de première instance furent institués notamment à Léopoldville (Kinshasa), à Coquilhatville (Mbandaka), à Stanleyville (Kisangani) et à Niangara. Le 05 mai 1908 fut créé un autre Tribunal de première instance de Luka dans la Province du Katanga.[14]

En 1923, les changements profonds apportés à l'organisation judiciaire rendirent nécessaires des modifications correspondantes de la procédure. D'où le Code de procédure pénale du 11 juillet 1923 qui a coordonné les dispositions antérieures en les adaptant à la nouvelle organisation pour combler les principales lacunes afin d'accorder plus de garanties aux justiciables.

Il sied de souligner que jusqu'en 1923, la procédure pénale de la colonie était réglée par un texte rudimentaire. Les réformes opérées par le Décret du 9 juillet 1923 ont exigé une mise en rapport de la procédure avec la nouvelle organisation judiciaire : le législateur préféra faire paraître un corps nouveau de procédure pénale remplaçant les dispositions anciennes. Ce fut le Décret du 11 juillet 1923, et son texte parut assez important pour mériter le nom du Code.

A l'épreuve de la pratique, quelques-unes de ces dispositions suscitèrent des critiques, surtout parce que le souci de la protection des prévenus n'avaient pas toujours tenu suffisamment compte des nécessités de la pratique judiciaire. Le Décret du 16 mars 1926 réalisa les mises au point voulues.[15] Les Décrets du 16 mars et du 24 décembre 1930 l'ont modifié sur des points de détail en tenant compte surtout d'objections d'ordre pratique qu'avaient provoquées certaines de ses dispositions.[16]

Certaines dispositions du Code de Procédure Pénale introduisirent une distinction entre les indigènes et les non

---

[14] GOHR A., *De l'organisation judiciaire et de la compétence en matière civile et commerciale au Congo,* Liège, Imprimerie H. Vaillant-Carmanne (S.A), 1910 p.9.

[15] SOHIER Antoine, *Op.cit,* p.205.

[16] Ibidem, p.12.

indigènes et l'article 154 bis du Décret du 17 mai 1952 qui assimila de façon la plus complète les immatriculés aux non indigènes. Il en fit de même pour les titulaires de la carte du mérite civique.

Le Décret du 08 mai 1958, modifié et complété par celui du 16 juin 1959 organisa les tribunaux de districts lesquels tribunaux ont disparu avec la naissance des tribunaux de paix et les Tribunaux de Grande Instance avec l'Ordonnance-Loi n° 78-005 du 29 mars 1978 portant Code d'Organisation et des compétences judiciaires.

Avant l'accession du Congo belge à sa souveraineté internationale, le Décret du 06 août 1959 portant Code de Procédure Pénale entré en vigueur le 15 avril 1960 fut signé par l'Arrêté royal du 15 mars 1960. Ce Décret a été modifié notamment en date du 19 octobre 1959, par l'Ordonnance-Loi n° 67-146 du 04 avril 1967, par l'Ordonnance n° 70-070 du 30 novembre 1970, par l'Ordonnance n° 73-006 du 14 février 1973, l'Ordonnance n° 79/014 du 06 juillet 1979. [17] Le magistrat militaire KINGUDI MUNGUL KUDIA, ancien magistrat inspecteur à l'Inspectorat Général des Services Judiciaires et Auditeur Militaire Supérieur affirme que : « *L'actuel Code de Procédure Pénale congolais porté par le Décret du 06 août 1959 tout autant que le Code de procédure pénale du 11 juillet 1923 qui l'a précédé ont été fortement inspirés par le Code criminel belge du 19 novembre 1908* »[18]

Il sied de noter que le Code de Procédure pénale ordinaire est complété par l'Arrêté d'organisation judiciaire n° 299/79 du 20/08/1979 portant Règlement Intérieur des Cours, Tribunaux et Parquets.

Les pages qui suivent portent sur les textes juridiques régissant la procédure pénale militaire.

---

[17] J.O n° 14 du 31/03/1982 et J.O, n° 7 de 1982.

[18] KINGUDI MUNGUL KUDIA, *« La commission rogatoire en droit judiciaire congolais, les difficultés dans la procédure devant les juridictions ordinaire et militaire »*, in Revue *Les Analyses juridiques n° 25-26 (2013), p.29.*

Paragraphe II : Des textes juridiques régissant la procédure pénale militaire.

La genèse de la justice militaire se confond et elle est intimement liée à l'existence des forces armées. [19]

L'histoire de la justice militaire congolaise révèle que les militaires étaient justiciables des juridictions de droit commun [20] conformément aux dispositions de l'article 16 du Décret du 22 décembre 1888.

La fonction de l'O.M.P était assurée par des magistrats civils et dans la composition de la juridiction du jugement, il n'y avait aucun magistrat de carrière et la pratique a démontré la nécessité de faire juger les militaires par leurs pairs, souligne le magistrat militaire KAMBALA MUKENDI Jean Isaac Camille.[21]

---

[19]Lorsque Stanley traverse le Congo pour la première fois de l'Est à l'ouest, il est accompagné de deux cents mercenaires zanzibarites (tanzaniens actuels) et c'est à partir de ce noyau des militaires tanzaniens que la Force publique va être bâtie. C'est après les révoltes des Batetela de la Force publique ; révolte de Luluabourg en juillet 1895 ; révolte de la colonie Dhanis en février 1897, révolte de Shinkakasa (Boma) en avril 1890 que les belges ont décidé de changer l'aire de recrutement de soldats congolais. Les belges vont découvrir une tribu très guerrière à l'Equateur : les mbudza qu'ils vont recruter de manière préférentielle. La prééminence de Mbudza dans l'armée coloniale va continuer même dans les Forces Armées Zaïroises (FAZ). Les huit généraux qui ont dirigé l'armée sous régime de Mobutu comme Chef d'Etat-major général pendant ses 32 ans de règne étaient tous des Bangala et quatre généraux sur huit étaient Mbudza dont général BUMBA MOASO, général MAZEMBE MA EBANGA, général ELUKI MONGA AUNDU et général MAHELE LIEKO BOKUNGU.

[20] Une juridiction de droit commun est une juridiction qui a vocation à connaître de toutes les affaires à l'exception de celles qu'une disposition expresse soumet à la compétence d'une autre juridiction in Gérard CORNU, Vocabulaire juridique, P.U.F, 2010, p.183.

[21] KAMBALA MUKENDI Jean Isaac Camille, *Eléments de droit judiciaire congolais*, Universitaires africaines, Kinshasa, 2009, p. 15.

Après la création de la Force publique le 04 août 1888, il fut instituée la justice militaire par le Décret du 22 décembre 1888 pour renforcer la discipline au sein de la Force publique[22] lequel Décret a, par la suite, connu des modifications successivement notamment en 1923 par le Décret du 09 juillet 1923 qui a reconnu aux Conseils de Guerre la compétence générale pour connaître de toutes les infractions commises par tous ceux qui faisaient partie de la Force publique ou étaient assujettis aux lois militaires.

Il sied de noter qu'à côté des juridictions de première instance appelées les Conseils de guerre, le Décret précité avait également institué les juridictions d'appel appelées les Conseils de guerre d'appel.

En 1944, il y a eu modification du Décret précité par l'extension de la compétence des juridictions militaires aux officiers, sous-officiers européens, gradés, soldats autochtones pendant la durée de la mobilisation ou de rappel sous les armes, les membres de corps des volontaires européens pendant la période de la réquisition, des européens appelés à prêter leurs services aux troupes mobilisées et commissions à cette fin à un grade militaire pendant la durée de leurs fonctions militaires, des porteurs, serviteurs d'européens et conducteurs des véhicules automobiles accompagnant les troupes en campagne, des gardes territoriaux volontaires.[23]

En 1958, par le Décret du 08 mai 1958, des modifications furent apportées dans l'organisation et fonctionnement de la justice militaire en ce sens que les juridictions militaires n'avaient plus la compétence des juridictions de droit commun.[24]

---

[22] Article 9 dispose : « *Les Conseils de guerre connaissent de tous les crimes et délits prévus par les lois pénales ordinaires et, en outre, de toutes les fautes commises par les Officiers, Sous-officiers et Soldats de la Force Publique de l'Etat, telles qu'elles sont déterminées aux articles 20 et 21* ».

[23] LIKULIA BOLONGO, *Droit pénal militaire*, LGDJ, 1977, p. 9.

[24] Article 115 du Décret du 08 mai 1958. [25]. LIKULIA BOLONGO, *Op. Cit*, p. 15

L'essentiel qui dominait ce texte était que le militaire comme les autres citoyens devaient bénéficier de l'expérience des magistrats et que les Conseils de Guerre ne devaient connaître des mutilations volontaires et des fautes militaires graves érigées en infractions.[25]

Le Conseil de Guerre fut appelé Cour Militaire avec comme compétence de connaître de l'appel des décisions des Conseils de Guerre.

En 1964, suite aux perturbations qui ont émaillé la vie politique en 1960 avec le départ des cadres coloniaux, fonctionnaires et officiers belges, après l'accession de la RDC à sa souveraineté internationale, il y a eu des profondes modifications avec l'élaboration du Code Provisoire de Justice Militaire sous le Décret-loi du 18 décembre 1964 par lequel le législateur a préconisé la nécessité d'instituer un corps des magistrats du Ministère Public assuré par des magistrats ayant la qualité de militaire pour plus de prestige et d'autorité en rendant les juridictions militaires compétentes pour connaitre toutes les infractions commises par les militaires. Conformément à l'article 9 de ce Décret, les voies de recours ordinaires n'étaient plus reconnues aux justiciables des juridictions militaires c'est-à-dire les arrêts et les jugements rendus par les juridictions militaires n'étaient susceptibles ni d'opposition ni d'appel et leur exécution était immédiate.

Dans la composition du siège de la Cour Militaire tout comme celui des conseils de guerre, il n'y avait plus la présence d'un magistrat civil de carrière, ni le greffier civil. Toutefois, la procédure d'application était celle ordinaire c'est-à-dire la procédure de droit commun.

Ce Code a aussi connu des profondes modifications en 1967 par l'Ordonnance-Loi n° 67/87 du 06 février 1967 qui a jeté les premières bases du Code de justice militaire.

Par cette Ordonnance-Loi, les voies de recours ordinaires furent supprimées et il fut reconnu à la Cour Militaire le pouvoir de cassation. Il eut aussi création du corps des magistrats militaires et celui des greffiers militaires, placés sous l'autorité de l'Auditeur général.

En 1972, il y a eu l'Ordonnance-Loi n° 72/060 du 25 septembre 1972 portant institution du Code de Justice Militaire de 1972.[26] Dans cette Ordonnance, le législateur avait établi la procédure devant les juridictions militaires contrairement à ceux antérieurs qui renvoyaient à la procédure de droit commun et a institué la présence d'un magistrat militaire de carrière dans la composition de la juridiction militaire.

L'Auditeur général était le chef de corps de la justice militaire. Il exerçait la plénitude de l'action publique devant toutes les juridictions militaires et pouvant y assumer les fonctions de Ministère Public et en 1978, il fut introduit les voies de recours en droit judiciaire militaire.

Lors de l'avènement de l'Alliance des Forces

Démocratiques pour la Libération du Congo, A.F.D.L en sigle, en mai 1997, le Décret-Loi n° 019 du 23 août 1997 avait institué la Cour d'Ordre Militaire en supprimant les voies de recours.

Initialement, la compétence de cette Cour s'étendait sur la ville de Kinshasa et les provinces de Bandundu et du Bas-Congo avec possibilité d'étendre sa compétence sur d'autres régions de la République. Il sera par la suite reconnu à la Cour d'Ordre Militaire la compétence spéciale et générale en matière de ce qui fut appelé crime économique.[27]

En dépit de la durée éphémère du Décret-Loi précité (du 23 août 1997 au 18 novembre 2002), on peut retenir qu'au-delà

---

[26] Ce texte tire ses origines en grande partie du Code français d'instruction criminelle du 17 novembre 1808. Elle est le fruit d'une réforme dont la paternité doit revenir au Général LIKULIA BOLONGO, alors Auditeur Général des Forces Armées Zaïroises, sorti fraichement d'une université française.

[27] KAMBALA MUKENDI Jean Isaac Camille, *Op.Cit*, p. 126.

des critiques acerbes articulées contre la Cour d'Ordre Militaire, liées principalement à l'inexistence des voies de recours et à l'abondance des décisions judiciaires de condamnation à la peine capitale, pourtant disculpées par le contexte spatio-temporel exceptionnel, ce Décret a eu le mérite d'étendre la compétence matérielle de la Cour d'ordre militaire aux « *infractions à main armée* ».[28] Les magistrats KILIMPIMPI et MUKENDI ont affirmé que les textes organisant les juridictions militaires de 1888, de 1964, de 1972 et celui de 1997 portant l'organisation de la Cour d'Ordre Militaire n'avaient pour but primordial que la survie de l'Etat au détriment bien souvent des droits fondamentaux de l'homme.[29]

Actuellement la procédure pénale militaire est règlementée par la Loi n° 023/2002 du 18 novembre 2002 portant Code judiciaire militaire telle que modifiée par la loi organique n° 17/003 du 10 mars 2017, qui introduit des reformes de taille, tenant compte des spécificités et les impératifs d'ordre sécuritaire ainsi que la discipline propres aux forces armées comme l'affirme son exposé des motifs.

Contrairement à la procédure pénale ordinaire laquelle est complétée par l'Arrêté d'organisation judiciaire n° 299/79 du 20 août 1979 portant Règlement intérieur des cours, tribunaux, en procédure pénale militaire, il est prévu que les instances judiciaires militaires prennent les règlements d'ordre intérieur conformément aux dispositions des articles 11 et 17 alinéa 3 du CJM qui disposent : « *Le Règlement intérieur de la HCM est fixé par ordonnance du Président de la HCM* » et « *Le Règlement intérieur de la Cour Militaire est fixé par ordonnance du Premier Président de la Cour Militaire* ».

---

[28] MUTATA LUABA L, *Droit pénal militaire congolais*, de Service de Documentation et d'études du Ministère de la Justice et de Garde des sceaux, Kin, 2005, p.13.
[29] KILIMPIMPI MWA KILIMPIMPI Rémy Ruphin et MUKENDI TSHINDA MANGA Freddy, *Procédure pénale militaire : Approche comparative avec la procédure ordinaire*, RCN, Kinshsasa, 2006, p. 7

Le juge militaire reste le juge de discipline, contrairement à son collègue civil qui est le juge de liberté.

Le magistrat militaire KINGUDI MUNGUL KUDIA affirme que l'actuel Code Judiciaire Militaire portée par la loi du 18 novembre 2002 est une copie rafistolée ou aménagée du Code Judiciaire Militaire Zaïrois du 25 septembre 1972 qui est, à son tour, une œuvre insuffisamment tropicalisée de l'ancien Code judiciaire Militaire français du 08 juillet 1965.

Ce trait particulier, voire spécifique au droit judiciaire militaire, est important de le rappeler, au confluent de deux conceptions, parfois différentes de droit, à savoir, celle issue du droit français matérialisée par le Code Judiciaire Militaire précité opposée à celle tirée du droit colonial, d'inspiration belge et consacrée par l'actuel droit congolais.

Dans la section qui suit, je rappelle l'organisation des juridictions pénales congolaises.

Section II : De l'organisation des juridictions pénales congolaises.[30]

Cette section parle des juridictions pénales ordinaires et les juridictions pénales militaires.

Paragraphe I : Des juridictions pénales ordinaires

Les articles 7 à 36 de la Loi n° 13/011-B du 11 avril 2013 portant organisation, fonctionnement et compétences des juridictions de l'ordre judiciaire citent les juridictions de l'ordre judiciaire dont la Cour de Cassation, la Cour d'Appel, le Tribunal de Grande Instance et le Tribunal de Paix.

Il est institué également, conformément aux dispositions de l'article 65 de la Loi organique n° 13/011-B du 11 avril 2013 portant organisation, fonctionnement et compétences des juridictions de l'ordre judicaire, un Parquet près chacune de ces

[30] Ce sont des cours et tribunaux qui ont pour mission de dire le droit.

juridictions.[31] Pour le Parquet Militaire, il convient de relever une spécificité en ce sens que le Parquet militaire est à l'écoute du Commandement pour le renforcement de la discipline au sein des Unités, c'est ainsi qu'il a été retenu la dénomination d'Auditorat militaire, chargé de transmission, des doléances du Commandement auprès des cours et Tribunaux.[32]

Je parle de la Cour de Cassation, de la Cour d'appel, des Tribunaux de Grande Instance et des Tribunaux de paix.

A. De la Cour de Cassation

Il existe une Cour de Cassation dont le siège est établi à Kinshasa. Son ressort s'étend sur l'ensemble du territoire national. Les cours et tribunaux civils et militaires de l'ordre judiciaire sont placés sous son contrôle.[33]

La Cour de cassation comprend un Premier président, des présidents et des conseillers. Elle comprend quatre chambres et chaque chambre siège au nombre de cinq membres. Le Premier

---

[31] Etymologiquement le parquet est la partie de la salle d'audience où se tenaient autrefois les magistrats. Il n'est pas une institution contemporaine. Il puise ses racines lointaines dans l'histoire. On peut remarquer déjà au moyen-âge, le roi se faisait représenter devant les juridictions pour défendre ses intérêts et ceux de la couronne. Il faisait alors appel, pour les besoins de sa défense, soit à des avocats soit à des procureurs. Actuellement le parquet est un service des cours et tribunaux composé de magistrats chargés de veiller à l'application de la loi.
L'article 149 de la Constitution du 18 février 2006 définit le parquet comme un office rattaché aux juridictions. Cette disposition précise sans équivoque que le parquet n'est pas une juridiction mais il est plutôt près les juridictions. Voilà pourquoi l'instruction du dossier au niveau du parquet est dite préjuridictionnelle qui veut dire avant de saisir la juridiction.

[32] MAYIZA KALA J, *Op.Cit*, p. 29.

[33] Article 24 de la Loi n° 13/011-B du 11 avril 2013 portant organisation, fonctionnement et compétences des juridictions de l'ordre judiciaire.

président peut présider toute chambre,[34]convoquer et présider les chambres réunies.

La Cour de Cassation connait en premier et dernier ressort des infractions commises par les membres de l'Assemblée nationale et du Sénat, les membres du Gouvernement autre que le Premier ministre ; les membres de la Cour Constitutionnelle et ceux du parquet près cette Cour ; les membres de la Cour de Cassation et ceux du parquet près cette Cour, les membres du Conseil d'Etat et du Parquet près ce Conseil ; les membres de la Cour des comptes et ceux du Parquet près cette Cour ; les Premiers Présidents des Cours d'Appel et des Cours Administratives d'Appel ainsi que les Procureurs Généraux près ces Cours ; les Gouverneurs ; les Vice-Gouverneurs de province et les Ministres provinciaux ainsi que les Présidents des Assemblées provinciales.[35]

La Cour de Cassation connaît de l'appel des arrêts rendus au premier degré par les Cours d'Appel et connaît aussi des pourvois pour violation des traités internationaux dûment ratifiés, de la loi ou de la coutume formés contre les arrêts et jugements rendus en dernier ressort par les Cours et tribunaux civils et militaires de l'ordre judiciaire.[36]

Elle connaît, en outre, des prises à partie, des demandes en révision, des règlements de juges, des demandes en renvoi d'une Cour d'Appel à une autre Cour d'Appel ou d'une juridiction du ressort d'une Cour d'appel à une juridiction du même rang du ressort d'une autre Cour d'appel, des renvois ordonnés après une deuxième cassation par la Cour de cassation et du renvoi ordonné

---

[34] Article 32 de la Loi n° 13/011-B du11 avril 2013 portant organisation, fonctionnement et compétences des juridictions de l'ordre judiciaire.
[35] Article 93 de la Loi n° 13/011-B du 11 avril 2013 portant organisation, fonctionnement et compétences des juridictions de l'ordre judiciaire.
[36]Article 95 de la Loi n° 13/011-B du 11 avril 2013 portant organisation, fonctionnement et compétences des juridictions de l'ordre judiciaire.

après cassation sur injonction du Ministère ayant la justice dans ses attributions.[37]

Près la Cour de cassation, il y a le Parquet général dirigé par un Procureur général assisté d'un ou plusieurs Premiers avocats généraux et d'un ou plusieurs Avocats généraux.

Il me faut rappeler la Cour d'Appel.

B. De la Cour d'Appel

Il existe une ou plusieurs Cours d'Appel dans chaque province et deux dans la ville de Kinshasa. Elle est composée d'un Premier Président, d'un ou de plusieurs Présidents et des Conseillers.[38] Elle siège au nombre de trois membres.

Toutefois, elle siège au nombre de cinq (5) membres pour les infractions prévues au Statut de Rome de la Cour Pénale Internationale. L'article 91 de la Loi organique du 11 avril 2013 portant organisation, fonctionnement et compétences des juridictions d'ordre judiciaire partage les compétences entre la Cour d'Appel et les juridictions militaires en matière des crimes contre l'humanité, génocide ainsi que crime contre la paix et la sécurité.

Si la Cour statue sur les infractions relevant du Statut de Rome, les dispositions de procédure des Statuts sont d'application conformément aux dispositions de l'article 55 1.C. D'où la question de savoir si le régime des exceptions prévu aux articles 246 et 247 du CJM rime avec les exigences d'un procès équitable ?

---

[37]Article 98 de la Loi n° 13/011 B du 11 avril 2013 portant organisation, fonctionnement et compétences des juridictions de l'ordre judiciaire.

[38] Article 19 de la Loi n° 13/01113/011-B du 11 avril 2013 portant organisation, fonctionnement et compétences des juridictions de l'ordre judiciaire.

Maître Franck MULENDA soutient que la réponse est négative au regard des articles 55 et 67 du Statut de Rome qui consacrent les droits de la défense et au regard des textes précités, la Cour appliquera le Statut de Rome qui, depuis sa ratification, fait partie de l'ordonnancement juridique national, d'autant plus que cet instrument juridique est plus explicite quant à la définition des concepts.

Il est le plus favorable aux prévenus et il prévoit des mécanismes clairs de protection des droits des victimes. Il conclut en disant que le Statut appelé aussi Traité de Rome doit s'appliquer immédiatement sans une loi d'adaptation ou de mise en œuvre, sauf exceptions posées à l'article 70 4°.

Elle connaît également, au premier degré des crimes de génocide, des crimes de guerre et des crimes contre l'humanité commis par les personnes relevant de sa compétence et de celle des Tribunaux de Grande Instance ; des infractions commises par les membres de l'Assemblée provinciale, les magistrats, les maires, les maires adjoints, les présidents des conseils urbains et les fonctionnaires des services publics de l'Etat ainsi que les dirigeants des établissements ou entreprises publiques revêtus au moins de grade de directeur ou équivalent.[39]

Les arrêts rendus au premier degré par la Cour d'Appel sont susceptibles d'opposition et d'appel.[40]

Près la Cour d'Appel, il est institué un Parquet Général dirigé par le Procureur Général assisté d'un ou plusieurs Avocats généraux et d'un ou plusieurs Avocats généraux et d'un ou plusieurs Substituts du Procureur Général.

La Cour d'Appel connaît de l'appel des jugements rendus en premier degré par les Tribunaux de Grande Instance, les Tribunaux de commerce et les Tribunaux de travail.

---

[39] Article 91 de la Loi n° 13/011-B du 11 avril 2013 portant organisation, fonctionnement et compétences des juridictions de l'ordre judiciaire.

[40]Article 92 de la Loi n° 13/011-B du 11 avril 2013 portant organisation, fonctionnement et compétences des juridictions de l'ordre judiciaire.

C. Des Tribunaux de Grande Instance

Il existe un ou plusieurs Tribunaux de Grande Instance dans chaque ville. Toutefois, il peut être installé un seul Tribunal de Grande Instance pour deux ou plusieurs territoires.[41] Il siège au nombre de trois juges.

L'alinéa 2 de l'article 16 de la Loi organique dispose que dans le cas où l'effectif des juges du Tribunal de Grande Instance au lieu où le tribunal tient une audience ne permet pas de composer le siège, le Président du tribunal peut assumer, au titre de juge, sur réquisition motivée du Procureur de la République, un magistrat du parquet près le tribunal de grande instance, un avocat ou un défenseur judiciaire résidant en ce lieu ou un magistrat militaire du tribunal militaire de garnison ou du parquet militaire près cette juridiction.

Le Tribunal de Grande Instance connaît des infractions punissables de la peine de mort et celles punissables d'une peine excédant cinq ans de servitude pénale principale[42] ainsi que les appels des jugements rendus par les Tribunaux de paix.

Il connaît en premier ressort des infractions commises par les Conseillers urbains, les Bourgmestres, les Chefs de secteur, les Chefs de chefferie et leurs adjoints ainsi que les conseillers communaux, les Conseillers de secteurs et les Conseillers de chefferie.

Près le Tribunal de Grande Instance, il est institué un Parquet dirigé par le Procureur de la République assisté d'un ou plusieurs Premiers Substituts et d'un ou plusieurs Substituts du Procureur de la République.

Il convient de rappeler également les Tribunaux de paix.

---

[41] Article 14 de la Loi n° 13/011-B du 11 avril 2013 portant organisation, fonctionnement et compétences des juridictions de l'ordre judiciaire.

[42] Article 89 de la Loi n° 13/011-B du 11 avril 2013 portant organisation, fonctionnement et compétences des juridictions de l'ordre judiciaire.

D. Des Tribunaux de paix

Il existe un ou plusieurs Tribunaux de paix dans chaque territoire, ville et commune. Il peut être créé un seul Tribunal de paix pour deux ou plusieurs territoires, villes et communes.

Le Tribunal de paix est composé d'un Président et des juges. Le Tribunal de paix siège au nombre de trois juges en matière répressive, d'un seul juge en matière civile. Toutefois, il siège au nombre de trois juges lorsqu'il y a lieu de faire application de la coutume locale et dans ce cas, deux des trois juges sont des notables du lieu désignés par le Président de la juridiction.[43]

Il connait des infractions punissables au maximum de cinq (5) ans de servitude pénale principale et d'une peine d'amende, quel que soit son taux, ou de l'une de ces peines seulement.[44]

Les jugements rendus par le Tribunal de paix sont susceptibles d'opposition et d'appel.

Près le Tribunal de paix, il est institué un parquet dirigé par le Premier Substitut du Procureur de la République auquel est adjoint un ou plusieurs substituts du Procureur de la République.

Que dire sur les juridictions pénales militaires.

Paragraphe II : Des juridictions pénales militaires

D'après l'article 1er de la Loi n° 024/2002 du 18 novembre 2002 portant Code Judiciaire Militaire, la justice militaire est rendue en République Démocratique du Congo par les Tribunaux Militaires de Police, les Tribunaux Militaires de Garnison, les Cours Militaires et les Cours Militaires Opérationnelles et la Haute Cour Militaire.

---

[43] Article 7 de la Loi n° 13/011-B du 11 avril 2013 portant organisation, fonctionnement et compétences des juridictions de l'ordre judiciaire.
[44] Article 85 de la Loi n° 13/011-B du 11 avril 2013 portant organisation, fonctionnement et compétences des juridictions de l'ordre judiciaire.

Les Cours et Tribunaux Militaires sont organisés par les articles 6 à 39 du Code Judiciaire Militaire et les articles 42, 48 et 51 du CJM instituent près chaque juridiction militaire un Parquet militaire appelé « *Auditorat militaire* », à l'exception du Tribunal militaire de Police.

La composition des juridictions militaires contient des militaires et/ ou des policiers n'ayant pas de qualité de magistrat appelés des juges assesseurs.[45] Alors que les juridictions de droit commun siègent, sauf en cas exceptionnel, avec des magistrats de carrière, la composition du siège des juridictions militaires obéit au principe de faire juger les militaires par ses pairs et ses supérieurs.

L'article 66 du CJM déroge les dispositions de Statut des Magistrats à son article 84 dans ce sens que le magistrat militaire ayant prêté serment devant le Président de la République ne peut éventuellement le renouveler que devant ce dernier en personne ou par écrit contrairement à son collègue civil qui peut renouveler son serment devant ses pairs magistrats de carrière.[46]

Le nombre des juges assesseurs dans la composition des juridictions militaires est toujours élevé par rapport à celui des juges de carrière sauf dans le cas où la Haute Cour Militaire siège en appel.

Aux termes de l'article 27 du CJM, au début de la première audience à laquelle ils sont appelés à siéger, et sur réquisition du

---

[45]Le Président d'une juridiction militaire désigne, au sort et pour une session de trois mois, les juges assesseurs et leurs suppléants parmi les Officiers des Forces armées et des corps assimilés.

[46] La Cour Suprême de Justice faisant office de la Cour de Cassation, dans son arrêt du 12 juillet 2013 dans l'affaire inscrite sous RP n° 3749/3757 opposant le Ministère public au prévenu Firmin YANGAMBI, après avoir analysé le moyen le moyen tiré de la violation des articles 5 de la Loi organique n° 06/020 du 10 octobre 2006 Statut telle que modifiée et complétée à ce jour en ce que la Haute Cour Militaire fait foi aux actes de poursuite litigieux posés par un magistrat n'ayant pas renouvelé le serment, l'a déclaré non fondé et a conclu qu'au regard de la législation actuelle, le magistrat militaire ne prête serment qu'une seule fois.

Ministère public, les membres du siège non revêtus de la qualité de magistrat prêtent serment.[47] Cette formalité est d'ordre public et peut être, en cas d'oubli, relevée par toute partie au procès.

La présence majoritaire des éléments du commandement dans la composition, ce qui du reste constitue une pesanteur non négligeable, influe toujours sur la décision à intervenir. Cette situation contrarie, très souvent, le magistrat de carrière appelé à motiver lors de la rédaction une décision de justice à laquelle il n'a pas adhérée. Parlant de la rédaction du jugement, le juge TENGA TUNDA Marcel affirme que : « *Rien n'est plus intelligible, rien n'est plus limpide qu'un jugement bien rédigé* ».[48]

Je suis d'avis avec l'Auditeur Militaire KAMBALA MUKENDI Jean Isaac Camille quand il émet des inquiétudes sur la complication que peut révéler cette situation en cas de la récusation du seul juge militaire de carrière de la composition.

Quelle position faudra-t-il adopter en pareilles circonstances, devant une matière très technique comme celle de récusation dont les contours ne sont maîtrisés et même maîtrisables que par les magistrats de carrière, s'interroge-t-il. Que pourra-t-on attendre des juges assesseurs militaires ignorant ces notions, placés seuls devant pareil cas délicat, pour se prononcer sur la recevabilité et le bien-fondé de la déclaration du juge président, seul magistrat de carrière ? Reviendra-t-il aux seuls juges assesseurs d'examiner pareille requête sur la récusation du seul juge président ?

En ce qui concerne la compétence des juridictions militaires, l'alinéa 2 de l'article 76 du CJM étend la compétence de ces dernières aux actes infractionnels prévus et punis par le Code pénal ordinaire perpétrés par le militaire. Il faut noter que

---

[47] Nous jurons devant Dieu et la Nation de remplir loyalement nos fonctions de Président et de membres de cette juridiction, d'en garder le secret des délibérations et de juger les personnes traduites devant nous sans haine, sans crainte, sans complaisance, avec la seule volonté d'exécuter la loi.

[48] TENGA TUNDA Marcel, *Rédaction des jugements. Guide pratique*, P.U.C, Kinshasa, 2021, p. 19

conformément aux dispositions des articles 111 alinéa 2 et 123 alinéa 1er du CJM qu'une infraction de droit commun commise avec une arme de guerre, ou dans les installations militaires, peu importe la qualité de l'auteur, est de la compétence d'une juridiction militaire.

Que dire des cas infractionnels prévus et punis conformément à des textes particuliers ou spéciaux en dehors du Code pénal ordinaire ? La pratique démontre que même pour ces actes infractionnels non prévus par le Code Pénal ordinaire mais plutôt par des textes légaux particuliers ou spéciaux, la juridiction militaire s'est toujours déclarée compétente, lorsque ces actes sont l'œuvre des militaires ou des policiers.

C'est le cas des faits relatifs à l'ivresse publique prévue et punie par l'Ordonnance n° 57/APAJ du 10 juin 1939, l'abandon de famille prévu et puni par les articles 926 et 927 du Code de la famille, l'adultère prévu et puni par les articles 467 à 472 de la Loi n° 16/008 du 15 juillet 2016 modifiant et complétant la Loi n° 010 du 01 août 1987 portant Code de famille, l'occupation illégale par l'article 207 de la Loi dite foncière, le chèque sans provision prévu et puni par l'Ordonnance-loi n° 68/195, la divagation des animaux prévue et punie par l'Ordonnance-loi du 05 mai 1936 et l'Ordonnance-loi du 22 janvier 1912 etc…

Les juridictions militaires sont incompétentes pour statuer sur la constitutionnalité des lois et des actes ayant force de loi. Les exceptions relatives à l'inconstitutionnalité soulevées devant ces juridictions sont portées devant la Cour Constitutionnelle conformément aux dispositions de l'article 162 de la Constitution qui dispose que : « *La Cour Constitutionnelle est le juge de l'exception d'inconstitutionnalité soulevée devant ou par une juridiction. Toute personne peut saisir la Cour Constitutionnelle pour l'inconstitutionnalité de tout acte législatif ou règlementaire. Elle peut, en outre, saisir la Cour Constitutionnelle, par la procédure de l'exception de l'inconstitutionnalité invoquée dans une affaire qui la concerne devant une juridiction. Celle-ci sursoit à statuer et saisit, toutes affaires cessantes, la Cour Constitutionnelle* ».

En outre, les personnes étrangères à l'armée deviennent justiciables devant les juridictions militaires lorsqu'elles commettent des infractions leur imputables définies et punies par le Code Pénal Militaire.

Pour que ces personnes soient justiciables des juridictions militaires, le Code Pénal Militaire utilise des termes généralistes comme « *Quiconque* », « *Tout celui* », « *Tout individu* » pour identifier la qualité de l'auteur.

Parlant de la compétence personnelle des juridictions militaires, l'article 104 du Code de Justice Militaire énonce le principe général de la compétence personnelle des juridictions militaires : «*La compétence personnelle des juridictions militaires est déterminée par la qualité et le grade que porte le justiciable au moment de la commission des faits incriminés ou au moment de sa comparution* ».

Abordant la question de la compétence des juridictions militaires, le professeur NYABIRUNGU mwene SONGA affirme que les juridictions militaires connaissent sur le territoire de la République, des infractions d'ordre militaire en application du Code pénal militaire. Elles connaissent également des infractions de toute nature commises par des militaires. Celles-ci sont punies conformément aux dispositions du Code pénal ordinaire.

En clair, la loi reconnaît aux juridictions militaires une compétence personnelle : elles jugent tout acte, constituant une infraction de droit commun ou non, pourvu que son auteur soit militaire. Toutefois, en matière de participation criminelle aux infractions de droit commun, ce sont les juridictions de droit commun qui sont compétentes lorsqu'un des participants est civil.

De même, le juge civil est compétent pour juger le délit d'audience commis par un militaire.[49]

La procédure pénale militaire est appliquée essentiellement aux membres des forces armées, à leurs assimilés, aux coauteurs

---

[49] NYABIRUNGU mwene SONGA, *Droit pénal général zaïrois,* DES, Kin, 1989, p. 125.

ou complices d'infraction militaire, aux auteurs des infractions commises au moyen d'armes de guerre, aux personnes à la suite de l'armée, ainsi qu'à tous les auteurs des actes attentatoires au patrimoine de l'armée, de la Police Nationale ou du Service national.

L'article 115 du CJM dispose : « *Les juridictions de droit commun sont compétents dès lors que l'un des coauteurs ou complices n'est pas justiciables des juridictions militaires, sauf pendant la guerre ou dans la zone opérationnelle, sous l'état de siège ou d'urgence, ou lorsque le justiciable civil concerné est poursuivi comme co-auteur ou complice d'infraction militaire* ».

Cette disposition remplace l'article 130 de l'ancien Code de Justice Militaire dont le contenu différait quelque peu, car elle était ainsi formulée : « *Les tribunaux de droit commun sont compétents dès lors que l'un des coauteurs ou complices n'est pas justiciable des juridictions militaires, sauf pendant la guerre ou dans la zone opérationnelle, sous l'état d'urgence ou du siège ou si l'un des coauteurs ou complices est étranger* ».

Il y a lieu de retenir que dans le Code Judiciaire Militaire, la volonté avérée du législateur est de renvoyer devant son juge naturel, tout justiciable civil, même étranger, auteur ou coparticipant à quelque titre que ce soit à une infraction de droit commun en temps de paix. Mais même dans sa formule ancienne, cette disposition était claire et précise, c'est-à-dire non susceptible de controverses. Car hier, comme aujourd'hui, elle résout un problème *rationae personae*, en tenant compte de la qualité spécifique des différents agents ayant participé à la commission d'une infraction. Ainsi, il y a participation criminelle lorsque plusieurs personnes prennent une part plus au moins active et plus ou moins directe à la perpétration d'une infraction. Il y a alors pluralité d'agents et unité de délit.

Un problème de compétence peut se poser en cas de participation criminelle entre les civils et les militaires si les crimes ont été commis à l'aide des armes de guerre. Dans cette hypothèse, c'est la juridiction de droit commun qui sera compétente. En effet, l'article 91 de la Loi organique n° 13/011-B du 11 avril 2013 portant organisation, fonctionnement et compétences des juridictions de l'ordre judiciaire confère la compétence à la Cour d'appel de connaitre des crimes internationaux commis par les civils et les militaires justiciables du Tribunal de Grande Instance et de la Cour d'appel.

L'article 100 de la même loi organique dispose que : « *Sans préjudices des articles 120 et 121 du CJM, lorsque plusieurs personnes justiciables des juridictions de nature différente sont poursuivies en raison de leur participation à une infraction ou à des infractions connexes, elles sont jugées par la juridiction ordinaire du rang le plus élevé* ».

Mais malgré cette option levée par le législateur, fait remarquer le magistrat MUTATA LUABA Laurent, d'écarter les civils de la rigueur de la loi militaire, une pratique apparemment défavorable à l'existence de cette disposition se livre à des solutions controversées au sujet de cette compétence suscitant autant d'interrogations que d'inquiétudes dues à l'insécurité judiciaire délibérément entretenue aussi bien par certains magistrats militaires que leurs collègues civils.

En effet, pour des raisons d'intérêt égoïste, certains magistrats militaires ont, au mépris de la loi, déféré devant la juridiction militaire les coparticipants civils et militaires à un délit de droit commun afin de « *contourner la lenteur des juridictions de droit commun* », et parfois avec le concours de la défense[50] alors que l'exposé des motifs précise que les agents de la Police Nationale ne sont justiciables des juridictions militaires que pour les infractions prévues par le Code pénal militaire, et cela conformément à l'article 55 du Décret-loi n° 002/2002 du 26 janvier 2002 portant institution, organisation et fonctionnement de la Police nationale congolaise.

Quant aux civils, ils ne sont rendus justiciables des juridictions militaires congolaises que lorsqu'ils provoquent, engagent ou assistent un ou plusieurs militaires ou assimilés à commettre une infraction à la loi ou au règlement militaire ; ou

[50] MUTATA LUABA (L), *Op.Cit,* p. 14.

lorsqu'ils commettent des infractions dirigées contre l'Armée, la Police, le Service national, leur matériel ou leurs établissements, ou au sein de l'armée, ou enfin lorsqu'ils sont à la suite de l'armée ou de la Police nationale.

C'est ainsi qu'un jugement déclinatoire de compétence fut rendu dans une affaire où un civil et un membre de l'armée étaient poursuivis pour faux en écriture sur pied de l'article 127 point 7 du défunt Code de Justice Militaire et l'article 126 du Code pénal Livre II et la cause fut honnêtement renvoyée devant la juridiction de droit commun compétente.[51]

L'actuelle Constitution de la RDC est plus claire lorsqu'il y est dit sans ambages que les éléments de la police sont des justiciables des juridictions militaires.[52] Il y a nécessité d'un amendement du Code Judiciaire Militaire pour les conformer à la Constitution étant donné que cette norme supérieure a déjà tranché cette question.

Il y a des situations désagréables où certaines causes furent transmises auprès de responsables d'offices judiciaires ou devant les juridictions de droit commun qui, contre toute attente, les ont retournées aux instances judiciaires militaires, au motif que l'un des coauteurs était militaire.

Dans un élan inutile de gloriole, certains magistrats civils ne se gênent pas, à travers leurs notes de retour à l'expéditeur, de mentionner « *qu'ils ne sont pas à court d'affaires judiciaires pour s'occuper des histoires militaires* ». Cette attitude très peu recommandable, souligne MUTATA LUABA Laurent, doit interpeler particulièrement tout acteur de justice de qui l'on exige plutôt un sens élevé de responsabilité et une soumission à l'autorité de la loi nationale qui s'impose *erga omnes* sur le territoire national.

Une interrogation importante mérite d'être soulevée : qu'adviendrait-il en cas d'un délit militaire ou de droit commun

---

[51] Conseil de Guerre de Garnison de Bukavu, 28 décembre 1981, in RJF, Vol n° 0002/1985, éd Audit Gén Kinshasa 1986, p. 109.
[52] Article 156 de la Constitution.

perpétré par un militaire congolais et un membre d'une armée étrangère ?

Pour mieux rencontrer cette préoccupation, Laurent MUTATA pense qu'il importe de faire la part des choses. Concrètement deux solutions peuvent être envisagées en considération des circonstances de la présence de l'élément étranger sur le sol congolais.

Dans l'hypothèse où ce militaire étranger est un agent incontrôlé, c'est-à-dire infiltré ou en séjour clandestin en RDC, il doit répondre de son acte en même temps que son coauteur national, devant la juridiction de droit commun pour les infractions du Code pénal ordinaire congolais commise en temps de paix, car il est assimilé au justiciable civil, mais devant les juridictions militaires pour toute infraction commise en tout temps et pour les infractions de droit commun commises en période exceptionnelle sus déterminée.

Par contre si ce militaire est régulièrement entré au Congo en vertu soit d'un accord bilatéral, soit d'une résolution des Nations-Unies, Laurent MUTATA pense que son sort sera réglé conformément à l'Acte ad hoc, alors que son coparticipant congolais se verra seul soumis à la rigueur de la loi militaire nationale.

Il convient d'ailleurs de souligner que dans le cadre des accords bilatéraux, les troupes étrangères peuvent soit, se faire accompagner d'une juridiction opérationnelle permanente,[53] soit faire appel à une telle juridiction exceptionnelle pour examiner ponctuellement des infractions commises par certains éléments sur le territoire hôte.

---

[53] L'on peut citer l'exemple des troupes congolaises (ex-zaïroises) envoyées au cours des années 1980 au Tchad en vue de soutenir le gouvernement de N'djamena. Ces troupes étaient accompagnées d'un Conseil de guerre opérationnel permanent. En revanche, le Tribunal Militaire d'un pays allié au nôtre fut dépêché à Kinshasa en 1999 pour statuer sur les infractions commises par les éléments dudit pays sur le territoire congolais. Et les condamnés furent immédiatement rapatriés chez eux.

Il faut évoquer la Haute Cour Militaire, la Cour Militaire, La Cour Opérationnelle, le Tribunal Militaire de Garnison, le Tribunal Militaire de Police.

A. De la Haute Cour Militaire

La Haute Cour Militaire est la haute juridiction militaire en République Démocratique du Congo. Elle a pour ressort toute l'étendue du territoire national. Le siège ordinaire se trouve à Kinshasa, Capitale de la RDC[54] et pendant des circonstances exceptionnelles, son siège peut être fixé en tout autre lieu par une ordonnance prise par le Président de la République.

En temps de guerre, la HCM tient des chambres foraines dans les zones opérationnelles.[55]

Elle est animée par le Premier Président, revêtu de grade d'Officier Général, secondé d'un ou plusieurs présidents et des conseillers. Elle comprend deux ou plusieurs chambres.[56]

Pour siéger au premier degré, la composition de la Haute Cour Militaire comprend cinq membres tous officiers généraux ou supérieurs, selon le cas, dont deux magistrats de carrière, trois juges assesseurs avec le concours du Ministère public et l'assistance du greffier.[57]

En appel, la H.C.M siège avec 5 (Cinq) membres dont 3 magistrats de carrière et 2 (Deux) juges assesseurs.

Les justiciables de la Haute Cour Militaire sont : les officiers généraux des Forces armées de la RDC et les membres de la Police nationale de même rang, les personnes justiciables par état de la Cour de Cassation notamment les députés nationaux, les Sénateurs, les membres du gouvernement autres que le Premier Ministre, les magistrats de la Cour de Cassation et du parquet général, les membres du Conseil d'Etat, les membres de la Cour Constitutionnelle, les gouverneurs de provinces, les Vice-

---

[54] Article 6 du CJM.
[55] Article 7 du CJM.
[56] Article 8 du CJM.
[57] Article 10 du CJM.

gouverneurs et les ministres provinciaux, les membres de la Cour de Compte pour les faits relevant de la compétence des juridictions militaires,[58] les magistrats militaires de l'Auditorat général, de Cours Militaires, des Cours Militaires Opérationnelles, des Auditorats près ces cours, les juges assesseurs desdites juridictions pour des faits commis dans l'exercice de leur fonction de juge.[59]

L'article 153 de la Constitution a dépouillé la Haute Cour Militaire du pouvoir d'annulation ou de cassation autrefois lui reconnut par l'article 280 alinéa 2 du CJM.

Actuellement, le pourvoi en cassation contre les décisions rendues par les juridictions militaires devra exclusivement être connu par la Cour de cassation par contre les recours pour violation des dispositions constitutionnelles sont portés devant la Cour constitutionnelle.

La Haute Cour Militaire connaît, en premier et dernier ressort, des infractions de toute nature commises par les personnes citées ci-haut. Elle connait également de l'appel des arrêts rendus au premier degré par les Cours militaires et les Cours militaires opérationnelles. Ses arrêts ne sont susceptibles que d'opposition.[60]

L'Auditeur Général des Forces Armées remplit les fonctions d'Officier du Ministère public près la Haute Cour Militaire et peut exercer les mêmes fonctions près toutes les juridictions militaires établies sur le territoire de la République conformément au CJM[61] et la Décision n° AG/001/2004 du 04 octobre 2004 portant Règlement intérieur de l'Auditorat Général et des Auditorats Militaires.

L'exercice de l'action publique dans toute sa plénitude et devant toutes les juridictions militaires appartient à l'Auditeur Général des Forces Armées.

---

[58] Article 153 de la Constitution.
[59] Article 120 du CJM.
[60] Articles 82 et 83 du CJM.
[61] Article 42 du CJM.

Il est le chef hiérarchique des magistrats du ministère public militaire. Il est assisté d'un ou de plusieurs Premiers Avocats Généraux des Forces Armées.[62] L'Auditeur Général est assisté des Premiers Avocats Généraux et les Avocats Généraux des Forces Armées.[63]

A l'instar de ce qui est prévu pour le Procureur Général près la Cour de Cassation, l'Auditeur Général ne devrait garder que la plénitude de l'action devant la Haute Cour Militaire.

En ce qui concerne les modalités de la saisine de la Haute Cour Militaire, l'article 311 al 2 du CJM dispose : « *La Haute Cour Militaire est saisie par l'Auditeur Général des Forces Armées sur injonction du Ministère de la Justice ou du Ministre de la Défense, d'office ou à la requête des parties* ».

Je reviens sur la Cour Militaire.

B. De la Cour Militaire

Le ressort de la Cour Militaire est l'étendue d'une province. Cela veut dire que chaque province de la R.D.C a une ou deux Cours Militaires dont le siège est établi au chef-lieu de la province dans la localité où se trouve le quartier général de la région militaire ou tout autre lieu fixé par l'Ordonnance du Président de la République.[64]

Il existe deux Cours Militaires dans la ville de Kinshasa, à savoir la Cour Militaire de Kinshasa/Gombe et la Cour Militaire de Kinshasa/Matete.

La Cour Militaire est composée d'un Premier Président, d'un ou plusieurs présidents et des conseillers.[65]

Elle siège au nombre de 5 (Cinq) membres tous officiers généraux ou supérieurs, magistrats de carrière.[66]

---

[62] Article 44 du CJM.
[63] Article 4 du CJM.
[64] Article 12 du CJM
[65] Art 14 du CJM

Les justiciables de la Cour Militaire sont les officiers supérieurs des Forces armées de la RDC et les membres de la Police Nationale du même rang, les personnes justiciables par l'état de la Cour d'Appel (les magistrats, les fonctionnaires des services publics et paraétatiques revêtus au moins du grade équivalent à celui de Directeur ou son équivalent), et les dignitaires des ordres nationaux pour des faits relevant de la compétence des juridictions militaires, les fonctionnaires de commandement de la défense nationale, de la Police Nationale ainsi que les services annexes, les magistrats militaires de garnison et ceux des auditorats militaires près ces tribunaux militaires ainsi que les juges assesseurs poursuivis pour des actes commis dans l'exercice ou à l'occasion de l'exercice de leur fonction de juge.[67]

Elle connaît au premier degré les infractions commises par les personnes citées ci-haut. Elle connait également de l'appel des jugements rendus en premier ressort par les tribunaux militaires de garnison.

Il est institué près chaque Cour Militaire un Auditeur Militaire Supérieur qui exerce, sous la surveillance et contrôle de l'Auditeur Général des Forces Armées les fonctions de ministère public près toutes les juridictions militaires établies dans le ressort de la Cour Militaire.

Il est assisté d'un ou de plusieurs Avocats Généraux Militaires et des Substituts de l'Auditeur Militaire Supérieur.[68]

Les pages suivantes parlent de la Cour Opérationnelle.

C. De la Cour Opérationnelle

Pendant les circonstances exceptionnelles notamment la guerre, la rébellion, l'insurrection armée, il est établi une Cour Opérationnelle qui accompagne les fractions de l'armée en

---

[66]Article 16 du CJM
[67] Article 121 du CJM.
[68] Article 48 du CJM.

opération.[69] Elle est établie sur ordonnance du Président de la République et a rang d'une Cour Militaire.[70]

Elle siège au nombre de 5 (cinq) juges dont un magistrat de carrière au moins. Ils sont revêtus du grade d'Officiers supérieurs.

La Cour Opérationnelle connaît sans limite de compétence territoriale de toutes infractions relevant des juridictions militaires.

Elle connaît des infractions de toute nature commises par des justiciables des juridictions militaires.

Les arrêts rendus par les Cours Militaires Opérationnelles ne sont susceptibles d'aucun recours conformément aux dispositions de l'article 87 du CJM.

Il faut signaler aussi le Tribunal Militaire de Garnison.

D. Du Tribunal Militaire de Garnison

Il est établi un ou plusieurs Tribunaux Militaires de Garnison dans le ressort d'un district, d'une ville, d'une garnison ou d'une base militaire. Le siège ordinaire est fixé au chef-lieu, dans la ville où est situé l'état-major de garnison ou dans un lieu fixé par le Président de la République.[71]

Il est composé d'un Président et des juges, magistrats de carrière et siège avec cinq membres tous officiers supérieurs ou subalternes dont un magistrat de carrière au moins et des juges assesseurs.[72]

Aux termes de l'article 122 du CJM sont justiciables du Tribunal Militaire de Garnison, les militaires des Forces armées de la RDC d'un grade inférieur à celui de major et les membres de la police nationale du même rang.

Il connaît des infractions punissables de la peine de mort et celles punissables d'une peine supérieure à un an commises par

---

[69]Article 18 du CJM.
[70] Article 20 du CJM
[71]Article 21 du CJM
[72] Article 22 du CJM

des personnes citées ci-haut. Il connaît en outre de l'appel des jugements rendus en premier ressort par les Tribunaux Militaires de Police.

Il est institué un Auditeur Militaire de Garnison près chaque Tribunal Militaire de Garnison qui exerce, sous la surveillance et la direction de l'Auditeur Militaire Supérieur près la Cour Militaire, les fonctions de ministère public près le Tribunal Militaire de Garnison ainsi que les Tribunaux Militaires de Police du ressort.

Il est assisté d'un ou de plusieurs Premiers Substituts et des Substituts de l'Auditeur Militaire de Garnison.[73]

Il y a aussi le Tribunal Militaire de Police.

E. Du Tribunal Militaire de Police

Il est établi un ou plusieurs Tribunaux de police dans le ressort d'un Tribunal militaire de garnison.[74]

Le Tribunal Militaire de Police siège avec trois membres dont l'un magistrat de carrière et deux juges assesseurs. Le Premier Président de la Cour Militaire peut désigner un juge du Tribunal Militaire de Garnison pour siéger au Tribunal Militaire de Police[75].

Sont justiciables du Tribunal Militaire de Police tous les militaires des Forces Armées de la RDC ou assimilés d'un grade inférieur à celui de major pour des faits punissables d'une peine d'un an de servitude pénale au maximum.[76]

Il connaît des infractions punissables d'un an de servitude pénale, au maximum, commises par des personnes citées ci-haut. Il est également compétent à l'égard d'autres infractions lorsque, à raison des circonstances, l'Auditeur Militaire estime que la peine

---

[73] Article 51 du CJM.
[74] Article 23 du CJM.
[75] Article 25 du CJM.
[76] Article 120 et 122 alinéa 2 du CJM.

à prononcer ne doit pas dépasser un an de servitude pénale, une amende et privation de grade.[77]

Le Premier Substitut ou le Substitut de l'Auditeur Militaire de Garnison représente le ministère public devant les Tribunaux de Police.[78]

Toutefois, il sied de signaler que le Tribunal de Police, bien qu'étant prévu par le Code Judiciaire Militaire, n'est fonctionnel nulle part en RDC.

Le second chapitre porte sur l'action publique.

[77] Article 90 du CJM.
[78] Article 52 du CJM.

Chapitre II : De l'action publique

Ce chapitre a pour pierre de touche l'action publique.

La particularité de la procédure pénale militaire par rapport à la procédure pénale ordinaire apparaît dans le processus de l'action publique notamment dans la mise en mouvement de l'action publique, dans l'instruction préjuridictionnelle et la commission rogatoire.

Section I : De la mise en mouvement de l'action publique.

La mise en mouvement de l'action publique apparaît comme le point de déclenchement de la marche de la machine judiciaire dans le but de rechercher les auteurs présumés de l'infraction, réunir les preuves, circonscrire les circonstances de sa perpétration.

L'action publique est le moyen légal de poursuivre en justice la répression des délits. Elle a pour but la défense de la société contre les actes graves des individus qui troublent la paix publique.

L'action pénale ou publique est donc le recours à l'autorité judiciaire exercé, au nom et dans l'intérêt de la société, pour arriver à la constatation du fait punissable, à la démonstration de la culpabilité de l'auteur et à l'application des peines établies par la loi.

Cette section a pour matrice la mise en mouvement de l'action en procédure pénale ordinaire, la mise en mouvement de l'action publique en procédure pénale militaire, l'instruction préjuridictionnelle.

Paragraphe I : De la mise en mouvement de l'action en procédure pénale ordinaire.

L'action publique est exercée contre l'auteur présumé d'une infraction visant à le traduire devant une juridiction pénale de droit commun. Elle est déclenchée par les magistrats du Ministère Public[79] ou par la victime[80] et même par les particuliers (Dénonciations).

En procédure pénale ordinaire, l'article 77 de la Loi organique n° 13/011-B du 11 avril 2013 portant organisation, fonctionnement et compétences des juridictions de l'ordre judiciaire, l'exercice de l'action publique dans toute sa plénitude et devant toutes les juridictions de son ressort, appartient au Procureur général près la Cour d'Appel. Il exerce les fonctions du Ministère Public près toutes les juridictions établies dans le ressort de la Cour d'appel. Chaque Procureur Général est maître de l'action pénale dans tout le ressort de la Cour d'appel près de laquelle, il exerce ses fonctions du Ministère Public et par conséquent, tous les Officiers du Ministère Public de ce ressort sont sous ses ordres et son autorité et dépendent de lui.

L'action publique pour l'application des peines est déclenchée par le Ministère Public. Il est de principe que le Ministère Public ne peut renoncer à l'action publique même en cas de désistement de la partie lésée sauf dans les cas prévus par la loi notamment pour les poursuites dirigées contre le Président de la République, du Premier ministre, les membres du Parlement, des hauts fonctionnaires, des agents diplomatiques ou consulaires, l'infraction d'adultère.

---

[79] KATUALA KABA KASHALA, *L'action publique à travers les jurisprudence, et doctrine congolaise, belge et française,* Batena Ntambua, Kinshasa, 2004, p.3.

[80] Par la victime, l'on entend une personne qui, individuellement, a subi un préjudice, notamment une atteinte à l'intégrité physique ou mentale, une souffrance morale, une perte matérielle, ou une atteinte grave à ses droits fondamentaux, en raison d'actes ou d'omissions qui enfreignent les lois pénales en vigueur dans un Etat.

Bien qu'il n'ait pas la qualité d'Officier du Ministère public, le Ministre de la justice qui se trouve placé au sommet du Ministère public, est le véritable chef des magistrats des parquets. Ainsi, tous les O.M.P exercent leurs fonctions sous l'autorité du Ministre de la justice et Garde des sceaux. Tous les Officiers du Ministère Public sont placés sous son autorité. Il a ainsi le pouvoir d'injonction sur le Ministère Public afin d'initier une instruction sur une affaire pénale déterminée.

Ainsi, par les injonctions d'exercer l'action publique que le Ministre de la justice peut donner au ministère public, il accomplit à cet effet, l'une des missions fondamentales du pouvoir exécutif en matière d'exécution des lois. Le pouvoir du ministre de la justice ne se limite qu'à donner des injonctions et l'action publique ne sera exercée que par le ministère public.

Paragraphe II : De la mise en mouvement de l'action publique en procédure pénale militaire.

L'action publique en procédure pénale militaire est mise en mouvement par le magistrat du Ministère Public militaire, le commandement, le Ministère de la défense, le Ministère de la justice[81] ou la partie lésée mais elle est exercée exclusivement par le magistrat du Ministère public militaire conformément aux dispositions des articles 130 et 131 du CJM.

L'exercice de l'action publique dans toute sa plénitude et devant toutes les juridictions militaires appartient à l'Auditeur Général des forces armées, autorité suprême des parquets militaire [82]. Il recherche et poursuit les infractions de la compétence de la HCM près laquelle il preste et devant les autres cours et tribunaux militaires.[83] Il a droit d'ordonner aux magistrats

[81] L'injonction de poursuite reconnue aux Ministres de la défense et de la justice, ne dispense pas l'Officier du Ministre Public Militaire, d'évaluer les preuves en sa possession et de décider de la saisine ou non d'une juridiction militaire. Il s'agit d'une injonction positive.
[82] Article 42 alinéa 2 du CJM.
[83] Article 43 du CJM.

militaires du parquet d'instruire, de poursuivre ou de s'abstenir de poursuivre.

C'est l'Auditeur Militaire qui décide d'engager les poursuites, c'est-à-dire concrètement qu'il ordonne à un magistrat de son office de procéder à une instruction. Le magistrat militaire du parquet met en mouvement l'action au moment où il a connaissance directe des faits répréhensibles venant de se commettre sous ses yeux ou qu'il vient de découvrir, ou dont il vient d'entendre parler.

Le commandement (militaire ou policier) met en mouvement l'action publique en dénonçant le comportement infractionnel et son auteur en justice c'est-à-dire au parquet militaire. Cette décision qui constitue un ordre de poursuite doit être formellement matérialisée dans un acte et doit être communiquée au commandant d'unité de qui dépend la personne poursuivie.

Le Ministre de la défense nationale tout comme celui de la justice mettent en mouvement l'action publique par l'ordre de poursuite qu'ils transmettent au parquet militaire par l'intermédiaire de l'Auditeur Général des Forces armées. En d'autres termes, l'ordre de poursuite peut aussi émaner du Ministre de la défense ou de la justice, dans ce cas, il est transmis par l'intermédiaire de l'Auditeur Général.[84]

L'action publique peut être aussi mise en mouvement par la partie lésée (la victime) à travers la plainte (écrite ou verbale) déposée au Parquet pour dénoncer les faits dont elle est victime.

Il convient de rappeler l'instruction préjuridictionnelle.

Section II : De l'instruction préjuridictionnelle.

Certaines particularités entre la procédure pénale ordinaire et la procédure pénale militaire ressortent lors de l'instruction préparatoire.

---

[84] Article 164 du CJM.

L'instruction préjuridictionnelle a pour but de constater une infraction, d'en recueillir les preuves, identifier et interroger les auteurs et à décider, une fois l'instruction terminée, si, suivant la nature des faits ou des circonstances, il y a lieu de poursuivre les auteurs devant la juridiction compétente ou d'archiver le dossier au Parquet en le classant sans suite.

Certaines spécificités apparaissent dans la phase préjuridictionnelle de la procédure pénale militaire par rapport à la procédure pénale ordinaire notamment en ce qui concerne le mandat de comparution, le mandat d'amener, le mandat d'arrêt provisoire, les amendes transactionnelles, de la détention préventive ou la détention provisoire, le contrôle de la détention préventive ou provisoire, le classement sans suite.

Il sied de souligner d'emblée qu'en procédure pénale militaire les particuliers n'ont pas un rôle spécifique par rapport à ce qui se passe en droit commun.

Il est aussi à noter qu'en droit pénal militaire le fait pour un militaire de s'abstenir de dénoncer une infraction commise par un justiciable des juridictions militaires est constitutif d'une infraction passible de dix ans maximum de servitude pénale.[85] La dénonciation est pour le militaire une obligation légale dont le non-respect est sanctionné pénalement.

Toutefois, il sied de souligner que dans certains cas, l'obligation de dénoncer incombe à tout le monde, civil comme militaire notamment en cas des infractions contre la sûreté de l'Etat [86] et atteintes à l'intégrité physique des enfants.[87]

Je parle du mandat de comparution, d'amener, d'arrêt provisoire, des visites domiciliaires et des perquisitions, des réquisitions aux fins d'exploitation corporelle, de l'audition des témoins, des amendes transactionnelles, de la détention provisoire ou préventive et de son contrôle, de la mise en liberté provisoire,

---

[85] Article 187 du CPM.

[86] Article 215 du Code pénal ordinaire.

[87] Article 192 de la Loi n° 09/001 du 10 janvier 2009 portant protection de l'enfant.

de la réincarcération de l'inculpé bénéficiant et le classement sans suite.

Paragraphe I : Du mandat de comparution.

Dans son exercice de la recherche des infractions, le Ministère public peut décerner le mandat de comparution contre les auteurs présumés des infractions.

Le mandat de comparution a pour objet de mettre l'inculpé en demeure de se présenter devant le magistrat instructeur à l'heure et à la date indiquée dans le mandat.

S/Paragraphe I : Du mandat de comparution en procédure pénale ordinaire.

Dans la procédure pénale ordinaire, l'Officier du Ministère Public, conformément aux dispositions de l'article 15 alinéa 1er du CPP, peut décerner le mandat de comparution contre les auteurs présumés des infractions.

Dans le mandat de comparution émis contre les présumés auteurs, on ne voit que le nom du Ministère Public, auteur du mandat, le nom ou prénom du ou des auteurs présumés, la date et l'heure de la comparution, sans préciser les préventions ni encore moins le nom du plaignant. Souvent il est dit dans le mandat que le motif vous sera communiqué sur place.

S/Paragraphe II : Du mandat de comparution en procédure pénale militaire.

Contrairement à la procédure pénale ordinaire, le Code de procédure pénale militaire oblige le magistrat instructeur de préciser dans le mandat de comparution l'identité de l'inculpé tout en mentionnant la nature de l'inculpation et les articles des lois applicables.[88]

Ainsi, dans les mandats de comparution émis par le Ministère Public Militaire, il ressort en dehors de l'identité du magistrat, auteur du mandat, le nom de l'inculpé, la date et l'heure

---

[88] Article 183 du CPM.

de la comparution, le nom du plaignant ainsi que les préventions mises en charge de l'inculpé.

He suggère de *lege feranda* que le législateur oblige l'Officier du Ministère Public, à l'instar de son collègue de la justice militaire, de préciser dans le mandat de comparution le nom du plaignant ainsi que les préventions mises en charge de l'inculpé étant donné que ce dernier en s'amenant devant l'O.M.P doit savoir de quoi il est reproché et sur quoi il va se défendre au lieu de garder les charges mises en sa charge comme un mystère alors que la Constitution du 18 février 2006[89] et les instruments juridiques internationaux des droits de l'homme reconnaissent à toute personne le droit de la défense.

Paragraphe II: Du mandat d'amener.

Le mandat d'amener est l'ordre donné par le magistrat instructeur à la force publique de conduire immédiatement l'inculpé n'ayant pas répondu au mandat de comparution.

Je parle du mandat d'amener en procédure pénale ordinaire.

S/Paragraphe I : Du mandat d'amener en procédure pénale ordinaire.

Le mandat d'amener a pour but de permettre qu'une personne inculpée ou témoin, soit conduit, si nécessaire par la contrainte, devant le magistrat instructeur pour être interrogé ou auditionné par lui.[90] En cas de flagrance ou en cas de refus pour l'inculpé de répondre volontairement au mandat de comparution lancé contre lui, l'OMP ou l'Officier de Police Judiciaire[91] peut

---

[89] Article 19 al 3.

[90] Article 115 de l'Ordonnance n° 78/289 du 03 juillet 1978 relative à l'exercice des attributions des Officiers et Agents de Police Judiciaire près les juridictions de droit commun.

[91] Article 5 de l'Ordonnance n° 78-289 du 03 juillet 1978 relative à l'exercice des attributions des Officiers et Agents de la Police Judiciaire près les juridictions de droit commun dispose : « *Ont qualité d'Officiers de Police Judiciaire ceux à qui cette qualité a été conférée par la loi ou*

lancer le mandat d'amener contre l'inculpé ordonnant à la force publique de conduire immédiatement devant lui la personne qui y est désignée.

En principe, le mandat d'amener peut être décerné par l'Officier du Ministère Public pour toute infraction commise ou tentée et quel que soit son degré de gravité.[92]

Le mandat d'amener permet d'arrêter et non de détenir comme le mandat d'arrêt provisoire ou la garde à vue. Le magistrat ne peut pas placer la personne amenée de force suite au mandat d'amener sous les liens du mandat d'arrêt provisoire car cette pièce de procédure ne peut être prise qu'à l'issue d'un interrogatoire, même sommaire. Dans le cas contraire, ce serait violer la liberté des citoyens et partant, ce serait une violation d'une formalité substantielle de la procédure pénale.[93]

Le mandat d'amener est valable pour trois mois et peut être renouvelé plusieurs fois par le magistrat instructeur conformément aux dispositions de l'article 15 alinéa 4 du Code de procédure pénale qui dispose : « *Le mandat d'amener est valable pour trois mois, il est renouvelable. La personne qui est l'objet d'un mandat d'amener doit être conduite, dans le plus bref délai devant l'Officier du Ministère Public qui a décerné le mandat* ».

Mais lorsque ce mandat a été décerné par un O.P.J, sa validité est de deux mois non renouvelable conformément aux dispositions de l'article 115 alinéa 6 de l'Ordonnance n° 78-289 du 03 juillet 1978 relative à l'exercice des attributions d'Officier et agent de police judiciaire près les juridictions de droit commun qui dispose que : « *Le mandat est l'ordre donné à la force publique par celui qui l'a délivré de conduire immédiatement devant lui la personne qui y est désignée. S'il a été décerné par un Officier du Ministère Public, il est valable pour 3 mois. S'il l'a été*

---

par arrêté du Président du Conseil judiciaire, Procureur Général de la République pris dans la forme prévue par la loi ».

[92] KILALA PENE-AMUNA Gabriel : Attributions du Ministère public et procédure pénale, Tome I, éd Amuna, Kinshasa, 2006, p. 198.

[93] KILALA PENE-AMUNA Gabriel : *Op.Cit*, p. 194-195.

par un Officier de Police Judiciaire, sa validité est limitée à 2 mois ».[94]

Il sied de noter que les Officiers de Police Judiciaire, en dépit de la qualité leur conférée conformément aux dispositions de l'article 5 de l'Ordonnance précitée sont astreint à l'habilitation et au serment pour l'effectivité de leurs attributions.

Aussi, l'article 140 du CJM reconnait aux Officiers de Police Judiciaire de droit commun la compétence, dans leur ressort, de constater les infractions relevant des juridictions militaires. Ainsi, cet article déroge au principe établi par l'article 45 de l'Ordonnance relative à l'exercice des attributions des OPJ de droit commun qui interdit à ces derniers d'instrumenter contre les militaires ou assimilés, sauf en cas de flagrance ou d'infraction réputée telle ou encore en cas de participation avec des civils.

L'examen combiné de ces deux dispositions légales permet d'affirmer que les Officiers de Police Judiciaire de droit commun peuvent constater les infractions commises par les militaires et instrumenter contre eux mais dès que l'Officier de Police Judiciaire Militaire se présente sur le lieu, ils sont tenus de se dessaisir en faveur de celui-ci. Cette disposition met fin au règne de l'impunité consacrée par l'article 45 de l'Ordonnance précitée. Cependant, l'article 141 du CJM impose aux Officiers de Police Judiciaire de droit commun, l'obligation d'obtenir l'autorisation d'entrer dans les camps militaires.[95]

Le point qui suit parle du mandat d'amener en procédure pénale militaire.

S/Paragraphe II : Du mandat d'amener en procédure pénale militaire.

En procédure pénale militaire, le mandat d'amener, prévu à l'article 182 dans ses alinéas 1er 3 et 4 du Code Judiciaire Militaire, n'est valable que pour une durée de deux mois et il n'est

---

[94] *Journal Officiel*, n° 15 du 1er août 1978, p.7.
[95] KILIMPIMPI MWA KILIMPIMPI Rémy Ruphin et MUKENDI TSHINDA MANGA Freddy : *Op.Cit*, p. 9

pas renouvelable contrairement à celui de l'Officier du Ministère Public en procédure pénale ordinaire dont la validité est de trois mois renouvelables.[96]

Le mandat d'amener décerné contre un inculpé conserve sa force exécutoire jusqu'à la saisine de la juridiction compétente.

Le mandat d'amener doit être porté à la connaissance du commandant d'unité de qui dépend l'inculpé par le magistrat qui l'a délivré. Le commandant a l'obligation légale de mettre à la disposition du magistrat instructeur l'inculpé recherché. Tout refus l'exposerait à des poursuites sur pied de l'article 189 du Code Judiciaire Militaire qui prévoit une sanction de 3 à 6 mois de servitude pénale et en temps de guerre ou pendant les circonstances exceptionnelles, la peine peut s'élever jusqu'à 3 ans de servitude pénale.

Au cas où la personne visée par le mandat d'amener n'a pu être retrouvée, ce mandat est présenté à l'autorité civile ou militaire du lieu de résidence qui y appose sa signature et le renvoie avec un procès-verbal de recherches infructueuses au magistrat militaire instructeur mandant.[97]

La Haute Cour Militaire rappelle à ce sujet que l'article 184 du CJM prévoit que les mandats de comparution, d'amener et d'arrêt sont portés à la connaissance du commandant d'unité de qui dépend l'inculpé, par le Magistrat militaire dont ils émanent. Contrairement aux OPJ du droit commun, la qualité d'Officier de Police Judiciaire Militaire est le fait de la loi et elle n'est astreinte à aucune autre conditionnalité.[98]

De la lecture des articles 59 et 135 du CJM, il se dégage trois catégories des Officiers de Police Judiciaire Militaire à savoir les agents de l'Auditorat ; les Officiers, sous-officiers et gradés de

---

[96] Article 97 de l'Ordonnance n° 78-289 du 3 juillet 1978 relative à l'exercice des attributions des Officiers et Agents de Police Judiciaire près les juridictions de droit commun.
[97] Article 190 CJM.
[98] KILIMPIMPI MWA KILIMPIMPI Rémy Ruphin et MUKENDI TSHINDA MANGA Freddy, *Op. Cit.*, p. 9

la Police Nationale et de la prévôté militaire nommés conformément à la loi ainsi que les Officiers, sous-officiers des Forces armées et agents assermentés des différents services de l'armée, pour l'exercice des missions particulières qui leur sont dévolues par les lois et règlements.

A ces trois catégories d'Officiers de Police Judiciaire, il faut mentionner le cas des policiers et militaires de la prévôté militaire qui ne sont pas Officiers de Police Judicaire des Forces armées, mais à qui la loi reconnait une qualité *sui generis* pour procéder à des enquêtes préliminaires, notamment en cas des accidents de circulation causés par les véhicules de l'Armée ou des particuliers.

Il convient de parler à présent du mandat d'arrêt provisoire.

Paragraphe III : Du Mandat d'arrêt provisoire

Le mandat d'arrêt provisoire est l'acte de détention par lequel le magistrat instructeur donne l'ordre au commandant ou au directeur de la prison ou de la maison d'arrêt de recevoir et de détenir l'inculpé.

Ce paragraphe évoque le mandat d'arrêt provisoire en procédure pénale ordinaire et du mandat d'arrêt provisoire en procédure pénale militaire.

S/Paragraphe I : Du mandat d'arrêt provisoire en procédure pénale ordinaire.

L'arrestation provisoire opérée par l'O.M.P est la mesure prise par cette autorité de privation à un inculpé de sa liberté d'aller et de venir. Lorsqu'un inculpé comparaît devant l'O.M.P, magistrat instructeur, soit en état d'arrestation en provenance de la police judiciaire soit sur exécution d'un mandat de comparution ou d'amener soit encore de sa propre initiative pour dénoncer l'infraction qu'il vient de commettre, le magistrat peut, à l'issue de l'interrogatoire, le placer sous les liens d'un mandat d'arrestation dans la maison d'arrêt annexé à la prison centrale et ce, sur base d'un titre appelé « *Mandat d'arrêt provisoire* ».

Ainsi, le mandat d'arrêt provisoire lui-même constitue un ordre coercitif qu'adresse un O.M.P, magistrat instructeur, d'une part, à la force publique de conduire l'inculpé au gardien d'une maison d'arrêt, et d'autre part, à ce dernier de le recevoir et l'y détenir.

L'article 28 du Code de Procédure Pénale prévoit en son alinéa 2 que lorsque les conditions de la mise en détention préventive sont réunies, l'Officier du Ministère Public peut, après avoir interrogé l'inculpé, le placer sous mandat d'arrêt provisoire, M.A.P en sigle.

Le mandat d'arrêt provisoire, dit l'article 28 du C.P.P, ne vaut que pour 5 jours, plus le temps strictement nécessaire pour atteindre le juge compétent pour statuer sur la détention préventive.

Ce délai de 5 jours ne peut être dépassé que s'il y a force majeure ou que le retard est dû par la nécessité des devoirs de l'instruction.

En toute hypothèse, le magistrat ne peut placer une personne sous les liens d'un mandat d'arrêt provisoire par cette pièce de procédure qu'à l'issue d'un interrogatoire, même sommaire. Dans le cas contraire, ce serait violer gravement sa liberté et partant une violation flagrante d'une formalité substantielle de la procédure pénale.

L'interrogatoire préalable de l'inculpé comme la consignation sur le procès-verbal et la signature de celui-ci constituent des formalités substantielles touchant directement aux droits de la défense. Comme il s'agit d'une obligation d'ordre public, la violation d'une quelconque de ces règles ne peut être rectifiée ou corrigée par la Chambre du conseil, viciant ainsi toute la procédure et entraînant la nullité du MAP. Le juge peut dès lors, ordonner la mainlevée de la détention ou de la mise en liberté provisoire du prévenu.[99]

Suivant une jurisprudence constante, le mandat d'arrêt provisoire n'est pas une formalité préliminaire nécessaire à la mise en détention préventive. Il n'est qu'une facilité d'instruction accordée au magistrat instructeur dont il ne doit pas user obligatoirement pour introduire une demande de mise en détention préventive.[100]

C'est dans ce sens que le magistrat KILALA affirme que dans l'hypothèse de l'article 28 alinéa 2 du Code de Procédure Pénale, c'est à l'issue de l'interrogatoire que l'O.M.P, magistrat instructeur, a le pouvoir de prendre le mandat d'arrêt provisoire contre la personne mise en examen. Ce mandat a une durée de validité de 5 jours. Tandis que conformément aux dispositions de l'article 40, alinéa 1er et 2, lorsque le juge refuse d'autoriser la mise en détention préventive que l'O.M.P est allé solliciter contre l'inculpé sous arrestation provisoire que le magistrat replace ce dernier sous les liens d'un mandat d'arrêt provisoire. Cela pour permettre à ce que le détenu ne soit pas mis en liberté par l'effet de la décision du juge refusant sa mise en détention préventive. Ce deuxième mandat d'arrêt provisoire dure jusqu'à la décision qui doit être prise à l'issu de l'appel interjeté par l'O.M.P ou même par l'inculpé lui-même.[101]

Parlant des mesures préalables au jugement, le Code de Procédure Pénale ordinaire, à son article 68, affirme que lorsque le prévenu a été cité ou sommé à comparaitre, l'Officier du Ministère Public peut, quelle que soit la nature ou l'importance de l'infraction alléguée, ordonner qu'il soit placé en dépôt à la maison de détention jusqu'au jour du jugement, sans que la durée de cette décision puisse excéder cinq (5) jours et sans qu'elle puisse être renouvelée.

---

[99] C.S.J, 4 mars 1997, RP 36 in YANDA MUSHALA R, *Les droits de la défense en droit congolais,* 1er édition, éd Intellect, Mbandaka, janvier 2015, p.p. 67-68.
[100] Elis, 12/05/1961, RJAC, 1961, n° 4.
[101] KILALA PENE-AMUNA, *Op.Cit*, p.284.

Aussi, l'article 40 alinéa 1er et 2 du Code de Procédure Pénale qui prévoit que : « *Pendant le délai d'appel et, en cas d'appel, jusqu'à la décision, l'inculpé est maintenu en l'état où l'ordonnance du juge l'a placé, aussi longtemps que le délai de validité de cette ordonnance n'est pas expiré. Toutefois, lorsque l'infraction est celle que la loi punit d'un an de servitude pénale au moins, l'O.M.P peut, dans le cas d'une ordonnance refusant d'autoriser la détention préventive, ordonner que l'inculpé sera sous les liens du mandat d'arrêt provisoire et, dans le cas d'une ordonnance refusant de proroger la détention, ordonner que l'inculpé sera replacé sous les liens de l'ordonnance qui l'autorisait* ».

J'évoque le mandat d'arrêt provisoire en procédure pénale militaire.

S/Paragraphe II : Du mandat d'arrêt provisoire en procédure pénale militaire.

Aux termes des articles 205 et 206 du CJM, l'une des conditions pour que l'OMP Militaire place un inculpé sous mandat d'arrêt provisoire, l'infraction doit être punissable d'une peine d'un an de servitude pénale au moins.

Il ressort également de la lecture de l'article 206 du Code Judicaire Militaire que l'Officier du Ministère Public Militaire peut maintenir l'inculpé contre qui il existe des indices sérieux et suffisants de culpabilité en détention provisoire dans un délai de quinze (15) jours s'il y a lieu de craindre sa fuite, ou si son identité est inconnue ou douteuse ou si, eu égard à des circonstances graves et exceptionnelles, sa détention est impérieusement réclamée par l'intérêt de la sécurité publique.

Contrairement à la procédure de droit commun, en procédure pénale militaire, le mandat d'arrêt provisoire a une durée de validité de 15 jours, soit le triple de celui que peut décerner un Officier du Ministère Public civil.

En prenant la décision de détenir provisoirement un inculpé, le magistrat instructeur militaire signe un mandat d'arrêt provisoire valable pour 15 (quinze) jours.

Dans le cas où les poursuites ont été ordonnées, l'incarcération et la détention ne peuvent résulter que d'un mandat d'arrêt provisoire décerné par l'Auditeur Militaire.

Les poursuites ordonnées dont questions ici sont celles exercées sur ordre du Ministre de la défense ou de la justice transmise par l'intermédiaire de l'Auditeur Général.[102]

A l'expiration de ce délai de 15 jours, le magistrat instructeur est appelé à donner son avis à l'Auditeur militaire sur le maintien en détention ou non de l'inculpé. C'est ici que s'impose le contrôle hiérarchique de la détention décidée par le magistrat militaire du parquet, contrairement au contrôle juridictionnel (*le contrôle de la détention par le juge*) prévu à la procédure pénale ordinaire.

En droit de procédure pénale militaire, au bout de 15 (Quinze) jours, le magistrat instructeur qui a signé le mandat d'arrêt provisoire et qui estime nécessaire le maintien en détention provisoire de l'inculpé, doit solliciter auprès de l'Auditeur militaire la confirmation au bout d'un mois, et ensuite la prolongation de cette détention, à l'issue d'un autre mois et de mois en mois en cas de besoin.

La confirmation et la prorogation de la détention provisoire ne doivent être justifiées que par les exigences des devoirs d'instruction.

A cet effet, l'Auditeur Militaire apprécie ces exigences et veille à la diligence qui doit accompagner l'accomplissement de ces devoirs d'instruction restants.

Dans le cas où, à l'expiration du délai du mandat d'arrêt provisoire, qui est de 15 (quinze) jours, le magistrat instructeur estime qu'il n'y a pas lieu de maintenir l'inculpé en détention, il ordonne le retrait de ce mandat.[103]

---

[102] Article 164 du CJM.
[103] Article 206 du CJM in fine.

Le délai de la confirmation ainsi que celui de la prolongation sont chacun d'un mois, ainsi de suite de mois en mois. La prolongation de la détention provisoire ne peut être faite qu'une seule fois à l'égard des faits infractionnels punissables de deux mois de servitude pénale.

Il est clair que si le mandat d'arrêt provisoire peut être l'œuvre du magistrat instructeur ou de l'Auditeur Militaire lui-même, la décision de la confirmation ou de la prorogation de la détention ne peut être que l'œuvre de l'Auditeur Militaire lui-même.

Paragraphe IV : Des visites domiciliaires et perquisitions.

J'évoque les visites domiciliaires et perquisitions en procédure pénale ordinaire, les visites domiciliaires et perquisitions en procédure pénale militaire

S/Paragraphe I : Des visites domiciliaires et perquisitions en procédure pénale ordinaire.

Conformément aux dispositions de l'article 22 du CPP, en cas d'infraction non flagrante, les magistrats auxiliaires du parquet ne peuvent procéder à des visites domiciliaires et perquisitions contre le gré des personnes au domicile ou à la résidence desquelles elles doivent se faire, que de l'avis conforme de l'O.M.P, magistrat de carrière, sous la direction duquel ils exercent leurs fonctions, et, en son absence, qu'en vertu d'une ordonnance motivée du Président du Tribunal de Grande Instance.

Les opérations de visite domiciliaire et perquisition ne peuvent être commencées avant cinq heures du matin ni après vingt et une heures, sauf en cas de flagrance. Le pouvoir d'autoriser des visites domiciliaires en dehors des heures légales est reconnu au Président du Tribunal de Grande Instance du ressort.

J'évoque les visites domiciliaires et perquisitions en procédure pénale militaire.

S/Paragraphe II : Des visites domiciliaires et perquisitions en procédure pénale militaire.

En procédure pénale militaire, contrairement à leurs collègues civils,[104] les Officiers de Police Judiciaire militaires sont dotés de pouvoirs exorbitants en matière de perquisition et de saisie dans les établissements militaires ou tous les autres lieux qui leur sont désignés par l'Auditeur Militaire conformément aux dispositions de l'article 139 du CJM.

L'Auditeur Militaire peut néanmoins, même s'il n'y a pas flagrance, prescrire par instruction écrite, aux officiers de police judiciaire militaire de procéder même la nuit à des perquisitions et saisies dans les établissements militaires ou tous les autres lieux qu'il leur désigne.[105]

Il convient de rappeler la réquisition aux fins d'exploration corporelle.

Paragraphe V : De la réquisition aux fins d'exploration corporelle.

Je parle de la réquisition aux fins d'exploration corporelle en procédure pénale ordinaire et militaire.

S/ Paragraphe I : De la réquisition aux fins d'exploration corporelle en procédure pénale ordinaire.

En procédure pénale ordinaire, l'Officier du Ministère Public qui veut faire procéder à une exploration corporelle adresse

---

[104] Les Officiers de Police Judiciaire de droit commun n'exercent ces pouvoirs qu'en cas d'infraction flagrante ou réputée telle conformément à l'article 7 de l'Ordonnance-loi n° 78-001 du 24 février 1978 relative à la répression des infractions flagrantes.
[105] Article 139 du CJM.

une requête au Président du Tribunal de Grande Instance qui prend une ordonnance motivée autorisant la réquisition à cette fin.[106]

Toutefois, l'O.M.P peut ordonner l'exploration corporelle de son propre chef en cas de flagrant délit ou lorsqu'il y a consentement exprès et constaté par écrit de la personne intéressée ou, si elle est âgée de moins de 16 ans, de la personne sous l'autorité de qui elle se trouve.

Que retenir de la réquisition aux fins d'exploration corporelle en procédure pénale militaire ?

S/ Paragraphe II : De la réquisition aux fins d'exploration corporelle en procédure pénale militaire.

En matière de procédure pénale militaire, le Code judiciaire Militaire ne prévoit pas l'intervention du juge en matière de réquisition aux fins d'exploration corporelle. Le législateur se borne à énoncer le principe selon lequel les Officiers du Ministère Public Militaire disposent en matière d'instruction préparatoire des mêmes pouvoirs que leurs collègues de droit commun[107] et qu'ils sont tenus aux mêmes devoirs.[108]

L'OMP Militaire ne peut pas s'adresser au juge pour obtenir l'autorisation de requérir un médecin aux fins d'exploration corporelle en application du principe de la plénitude des pouvoirs d'instruction appartenant à l'O.M.P Militaire conformément à l'article 181 du CJM.[109]

Il faut aussi auditionner les témoins.

---

[106] Article 26 du CPP.

[107] Article 169 CJM.

[108] Article 170 du CJM.

[109] Toute personne régulièrement requise par le magistrat instructeur en qualité d'interprète, traducteur ou expert, est tenue de prêter son ministère et d'en faire rapport avec honneur et conscience.

Paragraphe VI : De l'audition des témoins.

Dans le cadre de la recherche de la vérité, le Ministère Public peut citer devant lui toute personne dont il estime l'audition nécessaire. Cette personne peut être un témoin ou un renseignant. Si un renseignant ne peut pas prêter serment en raison des liens qu'il peut avoir avec une des parties à savoir le plaignant ou l'inculpé, les faibles d'esprits ainsi que les enfants, cela n'est pas le cas pour le témoin, qui avant de déposer est tenu de prêter serment.

Toute personne appelée en justice pour donner de simples renseignements, qui se sera coupable de fausses déclarations, sera punie d'une servitude pénale de huit jours à un an et d'une amende de 25 à 50 francs congolais ou d'une de ces peines seulement.[110]

Ainsi, la spécificité de la procédure pénale militaire par rapport à la procédure pénale ordinaire peut également apparaître à ce niveau.

Il y a l'audition des témoins en procédure pénale ordinaire et militaire.

S/Paragraphe I : De l'audition des témoins en procédure pénale ordinaire.

Devant le magistrat, le témoin avant de déposer prête le serment repris à l'article 17 du CPP qui dispose ainsi : « *Je jure de dire la vérité rien que la vérité* ».

Que dire de l'audition des témoins en procédure pénale militaire ?

S/Paragraphe II : De l'audition des témoins en procédure pénale militaire.

Contrairement au serment repris dans le Code de Procédure Pénale à son article 17, le témoin, avant de déposer devant

---

[110] Article 130 du Décret du janvier 1940 portant Code Pénal congolais livre II tel que modifié à ce jour.

l'O.M.P, prête le serment repris à l'article 176 du CJM ainsi conçu : « *Je jure devant Dieu et la Nation de dire la vérité, rien que la vérité* ». Dans ce dernier serment on voit la référence à Dieu et à la Nation, dans le serment du témoin.

Il sied d'ajouter qu'en procédure pénale militaire, avant sa constitution, la partie civile peut être entendue à titre de témoin mais une fois constituée elle devient partie au procès et, à ce titre, à l'instar de toutes les autres parties, elle ne peut plus témoigner.

Les dispositions de l'article 14 3° g du Pacte International relatif aux Droits Civils et Politiques affirment que nul ne peut être contraint à témoigner contre lui-même.[111]

Il y a des amandes transactionnelles à souligner.

Paragraphe VII : Des amendes transactionnelles.

Il faut distinguer les amendes transactionnelles en procédure pénale ordinaire et militaire.

S/Paragraphe I : Des amendes transactionnelles en procédure pénale ordinaire.

L'amende transactionnelle est la décision du magistrat instructeur prise à la fin de l'instruction préparatoire par laquelle la loi permet de transiger, décision qui a pour effet de mettre fin aux poursuites pénales contre l'auteur de l'infraction dans l'hypothèse où ce dernier acceptait le paiement d'une somme fixée par l'autorité judiciaire et la versait effectivement, contre remise d'une quittance, entre les mains des autorités chargées de la perception des amendes judiciaires que sont les agents percepteurs de la Direction Générale des Recettes Administratives et domaniales, D.G.R.A.D en sigle.

C'est ainsi que l'article 9 du Code de procédure pénale dispose : « *Pour toute infraction de sa compétence, L'O.P.J peut, s'il estime qu'en raison de circonstances la juridiction de jugement se bornerait à prononcer une amende et éventuellement*

[111] Toute personne accusée a droit de ne pas être forcée de témoigner contre elle-même.

la confiscation, inviter l'auteur de l'infraction à verser au trésor une somme dont il détermine le montant sans qu'elle puisse dépasser le maximum de l'amende encourue augmentée éventuellement des décimes légaux ».

Le doctrinaire KILALA PENE-AMUNA Gabriel affirme que l'institution de la transaction pénale est dérivée de la criminologie de la réaction sociale et qu'elle représente l'un des aspects de politiques criminelles qu'est la '' *déjudiciarisation*'' qui doit être soigneusement distinguée de la ''*dépénalisation*'' de la criminalisation et de ''*l'abolition*''.[112]

Le législateur en instituant l'amende transactionnelle a voulu que la personne qui paie ladite amende sente effectivement qu'elle purge une peine. Le mot peine signifie lui-même une souffrance. Dans ce cas, le condamné est puni dans son patrimoine financier.

La procédure d'amende transactionnelle a pour avantage de désamorcer les Cours et Tribunaux. Lorsque l'application aux faits est légitime et que l'amende est juste, équitable et acceptée par l'O.M.P, l'affaire est terminée et la somme versée par l'inculpé ou le délinquant prise définitivement en recettes et les juges sont épargnés de cette affaire.

La procédure de transaction permet d'éviter aux justiciables des ennuis que le système de répression peut causer. La justice, ainsi appliquée, coutera moins cher au contrevenant, puisqu'en acceptant de payer l'amende, celui-ci évite la condamnation aux frais de l'instruction. On lui évite également la menace d'une éventuelle condamnation à la servitude pénale et les inconvénients que son séjour peut avoir pour lui-même, à cause de la promiscuité avec les détenus, et pour sa famille, pendant son absence.

En somme, lorsqu'on recourt à la procédure d'amende transactionnelle, tout épargnant aux inculpés leur éventuelle incarcération, en diminuant leurs dépenses qu'occasionnerait l'instance, on évite en même temps à l'Etat de débourser de

---

[112] KILALA PENE-AMUNA Gabriel, *Op.Cit,* p. 499.

l'argent pour l'entretien des détenus en prison. En d'autres termes, la procédure de l'amende transactionnelle permet à l'individu d'éviter les désagréments d'une procédure longue, couteuse et souvent préjudiciable à ses activités mais aussi à la justice qui se voit désengorgée en se débarrassant de dossiers portant sur des faits de gravité mineure.

C'est dans ce sens que le législateur congolais affirme dans l'exposé des motifs de la loi n° 73-017 du 05 janvier 1973 modifiant et complétant la section II du livre I ainsi que les sections VI et VII du titre IV du livre II du Code Pénal que : « *Le droit pénal est non seulement un droit répressif mais aussi un droit intimidateur et socio-éducatif. La peine est un moyen susceptible de réparer le préjudice causé à la société et éventuellement aux particuliers, par l'infraction, un moyen qui ne devient utile, nécessaire et efficace que s'il est, ne-fût-ce que virtuellement, susceptible de protéger tant la société que le délinquant et ceux qui seraient amenés à l'imiter* ».

Par contre l'article 9 bis de la Loi n° 06/019 du 20 juillet 2006 modifiant et complétant le Décret du 06 août 1959 portant Code de procédure pénale congolais interdit l'application des amendes transactionnelles prévue à l'article 9 du CPP aux infractions de violences sexuelles.

Dans tous les cas, souligne Maître Franck MULENDA, l'obligation de proposer et non d'imposer l'amende demeure. Cette précision vaut, étant donné que tout comportement contraire est illégal et passible des sanctions disciplinaires ou pénales. Il y a une pratique au niveau de la police, poursuit-il, qui consiste à infliger à toutes les parties, plaignante comme accusée, des amendes ; ce qui est absurde.

Il n'y a pas d'amendes transactionnelles en procédure pénale militaire.

S/Paragraphe II : Des amendes transactionnelles en procédure pénale militaire.

Il faut préciser que contrairement à la procédure pénale ordinaire prévue à l'article 9 du Code de Procédure Pénale ordinaire, l'article 138 du Code Judiciaire Militaire interdit en procédure pénale militaire, de proposer une amende transactionnelle aux personnes poursuivies devant les juridictions militaires.[113]

Ainsi, l'article 138 précité affirme sans ambages que les officiers de police judiciaire militaire ne peuvent, en aucun cas, proposer une amende transactionnelle aux justiciables des juridictions militaires pour les affaires de la compétence de ces juridictions. Toutes propositions d'amende transactionnelle faite par un Officier de Police Judiciaire militaire est illégale car formellement interdite par la loi lorsqu'elle concerne un justiciable des juridictions militaires. Donc, aucune amende transactionnelle ne sera proposée ni perçue dans le cas d'une infraction militaire par un OPJ Militaire.

Aussi, en aucun cas la mise en liberté provisoire ou de la main levée en faveur des justiciables des juridictions militaires ne doit être subordonnée à l'obligation de fournir un cautionnement.[114] Cela se comprend aisément lorsqu'on sait que les militaires généralement sont considérés comme des « *gagne-petit* ». Leur demander de payer une caution ne ferait qu'aggraver davantage leur situation matérielle déjà précaire, ce qui pousserait certains à des actes criminels comme extorsions, vols.....pour assurer leur vie.

Comme on sait, le législateur, pour le Code Judiciaire Militaire, a opté pour une plus grande application des peines privatives de liberté jugées plus efficaces que les peines pécuniaires. Les magistrats Remy Ruffin KILIMPIPI et Freddy MUKENDI affirment, quant à eux, que cette particularité tient à la sévérité des peines applicables par les juridictions militaires, l'amende étant considérée comme une peine douce qui ne touche qu'au patrimoine et non au physique du délinquant.

---

[113] Contrairement aux dispositions de l'article 9 du Code de Procédure Pénale, les Officiers de Police Judiciaire Militaire ne peuvent, en aucun cas proposer une amende transactionnelle aux justiciables militaires pour les affaires de la compétence de ces juridictions.
[114] Article 212 du CJM.

C'est ainsi que le critère de la richesse entre le moins possible en ligne de compte lorsqu'il s'agit de prendre des mesures au niveau de cette justice. L'interdiction faite aux O.P.J Militaires de faire des propositions d'amendes transactionnelles aux justiciables des juridictions militaires procède de cette logique.

De même, les civils rendus justiciables des juridictions militaires sont éligibles à l'article 138 du CJM, et de ce fait, ne sont pas soumis au régime des amendes transactionnelles prévu à l'article 9 du CPP ordinaire. Les OPJ ne peuvent pas proposer une amende transactionnelle aux civils poursuivis, par exemple, pour incitation des militaires à commettre des actes contraires au devoir ou à la discipline militaire, prévue et punie par l'article 88 du Code pénal militaire.

Certains doctrinaires pensent que cette faveur accordée aux justiciables des juridictions de droit commun ne peut être refusée aux justiciables des juridictions militaires parce que dérogeant au principe constitutionnel qui consacre l'égalité des citoyens devant la loi. Cette faveur reconnue aux justiciables des juridictions ordinaires doit être étendue à ceux des juridictions militaires.

Je parle de la détention préventive et provisoire.

Paragraphe VIII : De la détention préventive ou de la détention provisoire.

Abordant la question de la détention préventive en procédure pénale ordinaire ou la détention provisoire en procédure pénale militaire, le professeur LUZOLO BAMBI LESSA Emmanuel soutient qu'elle est une notion qui n'est définie ni par la loi, ni par la jurisprudence, et à laquelle seule la doctrine confère une double définition dont l'une est large, l'autre restreinte.

Au sens large, la détention préventive ou la détention provisoire est l'incarcération de l'auteur présumé d'une infraction avant une décision définitive et, au sens restreint, elle est l'incarcération de la personne inculpée avant le prononcé du jugement ou de l'arrêt sur le fond de l'action publique.[115]

J'évoque la détention préventive en procédure pénale ordinaire et militaire.

S/Paragraphe I : De la détention préventive en procédure pénale ordinaire.

La particularité de la détention préventive en procédure pénale ordinaire consiste dans le fait que cette mesure, qui est exclusivement l'œuvre du juge, n'est généralement prise qu'après expiration du mandat d'arrêt provisoire, M.A.P, décerné par le Ministère Public à l'encontre de l'inculpé incarcéré.

Le principe est que, affirme le professeur LUZOLO BAMBI LESSA Emmanuel, l'O.M.P peut placer un inculpé en détention sous les liens du mandat d'arrêt provisoire valable pendant 5 jours. Au-delà de ce délai, l'OM.P doit solliciter et obtenir du juge en chambre du conseil l'autorisation de mise en détention préventive.[116]

Après l'interrogatoire du délinquant, le magistrat instructeur peut se décider de le placer sous mandat d'arrêt provisoire afin de lui permettre de mener à bien ses enquêtes pour la découverte de la vérité sur l'infraction perpétrée et la culpabilité de son auteur, ce dernier étant à son entière disposition.

Lorsque les enquêtes doivent aller au-delà de cinq jours, le magistrat est tenu de solliciter l'autorisation du juge pour la détention préventive.

Non seulement l'article 17 de la Constitution du 18 février 2006 dispose que : « *La liberté individuelle est garantie. Elle est la règle, la détention l'exception*» mais également l'article 172 de l'Arrêté de l'organisation judiciaire n° 299 du 20 août 1979 portant règlement intérieur des Cours, tribunaux et parquets dispose que : «

---

[115] LUZOLO BAMBI LESSA E, *Manuel de procédure pénale,* P.U.C, Kinshasa, 2011 p. 255.
[116] LUZOLO BAMBI LESSA E, *Op.Cit,* p.297.

Le magistrat instructeur doit particulièrement veiller à ce que la détention préventive ne soit pas la règle mais l'exception. Lorsque les faits reprochés au prévenu sont sans gravité, le magistrat instructeur proposera le dossier au classement sans suite ou le plus souvent invitera le prévenu à payer une amende transactionnelle... ».

J'évoque la détention provisoire en procédure pénale militaire.

S/Paragraphe II : De la détention provisoire en procédure pénale militaire.

MUKENDI TSHIDJA-MANGA Freddy fait noter que les rédacteurs du CJM utilisent indifféremment les expressions « *détention provisoire* »[117] et « *détention préventive* »[118] pour exprimer la même situation.

Lorsque le magistrat instructeur militaire compétent pour engager les poursuites estime que le fait constitue une infraction que la loi réprime d'une peine d'un an de servitude pénale au moins et qu'il existe des indices sérieux et suffisants de culpabilité, il peut détenir le justiciable provisoirement pour une durée qui ne peut excéder quinze jours.[119]

L'inculpé contre qui il existe des indices sérieux de culpabilité peut néanmoins être mis en détention provisoire lorsque le fait constitue une infraction punissable d'une peine inférieure à six mois, s'il y a lieu de craindre sa fuite, ou si son identité est inconnue ou douteuse ou si, eu égard à des circonstances graves et exceptionnelles, sa détention est impérieusement réclamée par l'intérêt de la sécurité publique.

La liberté contrôlée, non prévue en procédure pénale ordinaire, est décidée par l'Auditeur militaire qui prend à cet effet une ordonnance qui en détermine les conditions et les modalités

---

[117] Article 205, 206, 209 alinéa 1er CJM.
[118] Article 209 alinéa 2 et 3, 332 CJM.
[119] Article 205 du CJM.

d'exécution.[120] L'article 207 du même Code prévoit aussi que le Commandant est tenu informé de la mise sous le régime de liberté contrôlée du militaire relevant de son unité. Cependant, dans les deux cas, la loi n'a pas prévu la façon dont le Commandant devrait être informé. La pratique judiciaire, en cas d'arrestation d'un militaire, a consacré l'établissement d'un avis d'arrestation à communiquer au Commandant d'unité pour qu'il n'en ignore.

Si l'instruction de l'affaire doit durer plus de quinze jours et que le magistrat instructeur militaire estime nécessaire de maintenir l'inculpé en détention, il en réfère à l'auditeur militaire. Celui-ci statue sur la détention provisoire et décide sur sa prolongation pour un mois ; et ; ainsi de suite, de mois en mois, lorsque les devoirs d'instruction dûment justifiés l'exigent.[121]

En procédure pénale militaire, le pouvoir de décider de la détention du prévenu est de la compétence principale de l'organe des poursuites, en l'occurrence, l'Auditeur militaire, et non du juge comme prévu pour la chambre du conseil en procédure pénale ordinaire. Il s'avère que le CJM confère à l'Auditeur Militaire des pouvoirs exorbitants en matière de détention provisoire.

Le droit judiciaire militaire reconnaît au Ministère Public la possibilité de confirmer et de proroger la détention préventive par une simple décision dans le cabinet de l'Auditeur Militaire sur proposition du magistrat instructeur. C'est au bout de 45 jours pour les infractions punissables de deux mois de servitude pénale et de 12 mois consécutifs pour des infractions punissables de six mois ou plus qu'intervient le contrôle de la détention préventive par le juge militaire.

Pour procéder à ce contrôle juridictionnel, la juridiction est saisie par une requête en prolongation de la détention préventive introduite par le Ministère Public à la juridiction compétente.[122]

---

[120] Article 207 du CJM.
[121] Article 209 du CJM.
[122] Article 209 du CJM.

Tout individu détenu préventivement peut être attrait dans cet état devant la juridiction de jugement, ou s'il était en liberté provisoire, le magistrat militaire, membre de la juridiction saisie peut décerner un mandat contre lui pour défaut à un acte de procédure ou encore un comparant libre peut faire l'objet d'une décision de détention par le juge de fond pour tout objectif pouvant garantir le recours normal du procès.

De ce qui précède, Il ressort que le législateur, dans le Code de Justice Militaire, a donné blanc-seing au magistrat instructeur militaire, sans fixer les conditions strictes auxquelles l'incarcération préventive peut être ordonnée.

Je suis d'avis avec les magistrats KILIMPIPI et MUKENDI quand ils affirment tout en reconnaissant que la mise en détention des personnes constitue une exception, la liberté étant la règle, le législateur dans le CJM a mis en place un système qui ne favorise pas l'émergence d'une culture fondée sur le respect des droits fondamentaux.

J'évoque le contrôle de la détention préventive ou provisoire.

Paragraphe IX : Du contrôle de la détention préventive ou provisoire.

Il y a contrôle de la détention préventive ou provisoire en procédure pénale ordinaire et militaire.

S/Paragraphe I : Du contrôle de la détention préventive en procédure pénale ordinaire.

En droit commun, la procédure de mise en détention provisoire d'un inculpé comme la prorogation de la détention est soumise à l'autorisation du juge en chambre de conseil.

Le contrôle de la détention préventive est effectué par le juge en chambre du conseil en présence de l'Officier du Ministère Public et de l'inculpé.

Lorsque les enquêtes doivent aller au-delà de cinq jours, le magistrat est tenu de solliciter l'autorisation du juge pour la détention préventive. C'est au moment de l'autorisation de la détention préventive que l'activité du Ministère Public est soumise au contrôle du juge car en chambre du conseil, ce dernier ne peut pas cautionner une éventuelle arrestation arbitraire opérée par l'Officier du Ministère Public.

Ainsi, pour permettre au juge d'exercer son contrôle juridictionnel, l'Officier du Ministre Public doit lui communiquer le dossier judiciaire contenant les éléments justifiant que les conditions de maintien en mise en détention préventive sont remplies.

Le juge n'a pas qualité pour apprécier la légalité de la détention antérieure à son intervention. Sa mission consiste uniquement à vérifier si, à la date de son audience en chambre du conseil, les conditions justifiant la mise en détention préventive de l'article 27 du CPP sont réunies.

Jugé dans ce sens que le juge appelé à autoriser ou confirmer la détention préventive n'a pas à statuer sur la légalité du titre primitif : sa mission consiste exclusivement à permettre la continuation de la détention ; si cette mesure lui parait justifiée, sa décision n'a pas pour effet de régulariser le titre de la détention ni de couvrir les irrégularités de la détention déjà subie, mais de rendre cette détention légale pour l'avenir.[123]

Les organes compétents pour statuer sur la détention préventives sont le tribunal de paix conformément aux dispositions de l'article 29 du Code de procédure pénale ; le Tribunal de Grande Instance, pour les recours contre les décisions rendues par le Tribunal de Paix ou conformément aux dispositions de la Loi organique n° 13/011-B du 11 avril 2013 portant organisation, fonctionnement et compétences des juridictions de l'ordre judiciaire, de la Cour d'Appel, de la Cour de Cassation ou de la Cour Constitutionnelle par des ordonnances d'autorisation ou de confirmation.

[123] Elisabeth, 12 mai 1961-RJAC, 1961, p.165-Boma, 29/02/1961- Doc et jur Col, 1926, p.321.

Seuls les juges, le Ministère Public, le greffier et l'inculpé ainsi que son conseil sont admis à l'audience en chambre du conseil.[124].

La Cour Suprême de Justice dans son arrêt rendu sous R.P 368 en date du 28 avril 1981 affirme que : « *Aux termes de l'article 31 alinéa 1 du Code de procédure pénale, lorsque le délai légal fixé n'a pas été respecté, le juge doit constater que la détention préventive non couverte par une Ordonnance régulière devient illégale et partant, ne peut être prolongée* ».[125]

L'article 37 du CPP dispose que le Ministère Public et l'inculpé peuvent appeler des ordonnances rendues en matière de détention préventive. Le délai d'appel est de 24 heures.[126] Pour le Ministère Public, ce délai court du jour où l'ordonnance a été rendue et pour l'inculpé il court du jour où elle lui a été notifiée. Il faut admettre que l'appel sera valablement formé par le Ministère Public pendant toute la journée qui suit celle où l'ordonnance a été rendue et pour l'inculpé toute la journée qui suit celle où l'ordonnance a été portée à sa connaissance. Si le greffe est fermé, l'appelant dépose le jour suivant.

Je reviens sur le contrôle de la détention préventive ou provisoire en procédure pénale militaire.

S/Paragraphe II : Du contrôle de la détention provisoire en procédure pénale militaire.

Contrairement à la procédure pénale ordinaire, la détention provisoire ainsi que sa prorogation, en procédure pénale militaire, sont le fait de l'Auditeur Militaire.

En procédure pénale militaire, qu'il s'agisse du temps de l'existence des conseils de guerre, de la Cour d'Ordre Militaire avec un Parquet près cette Cour dirigé par un Procureur Général,

---

124 1er Inst, Léo 23/02/1959 JTOM p. 104 in KATUALA KABA KASHALA : Op.Cit.

125 C.S.J, 28/04/1981, R.P 368 inédit in KATUALA KABA KASHALA: *Code judiciaire zaïrois annoté*, Asyst S.p.r.l, Kinshasa, 1995 p. 160.

126 Article 39 du CPP.

ou aujourd'hui où les Cours, Tribunaux et Auditorats Militaires sont institués, l'organe de jugement est expressément exclu par le législateur en matière de détention préventive.[127] C'est l'organe d'instruction lui-même, qui, après avoir signé un mandat d'arrêt provisoire contre un inculpé, a le pouvoir d'autoriser ou de confirmer la détention préventive lorsqu'il estime que le délinquant devrait rester en état de détention jusqu'à la clôture de l'instruction préparatoire ou plus longtemps possible.

Comme on peut le constater, il y a cumul des fonctions dans le chef du Ministère public militaire qui est en même temps organe d'instruction et celui de jugement en matière de détention préventive.

En procédure pénale militaire, les auditeurs militaires sont les organes d'instruction eux-mêmes et ont le pouvoir d'autoriser ou de confirmer la détention préventive. Cela ressort clairement de l'article 209 du CJM qui dispose : « *Celui-ci (L'Auditeur Militaire) statue sur la détention provisoire et décide de sa prorogation pour un mois, et, ainsi de suite, de mois en mois, lorsque les devoirs de l'instruction dûment justifiés l'exigent....* »

Contrairement à la procédure pénale ordinaire où les mesures privatives de liberté prises par les magistrats du parquet sont soumises au contrôle du juge, la procédure pénale militaire ne prévoit pas un tel contrôle.[128] Ce qui fait dire au professeur LUZOLO BAMBI LESSA que le régime juridique de la détention préventive militaire apparaît, au contraire du régime juridique de la détention préventive prévue en procédure ordinaire, soucieux d'assurer la contrainte publique sous forme de répression systématique bien plus que la répression du crime et la correction des délinquants militaires aux fins de leur reclassement social.

Il sied donc de noter qu'en procédure pénale militaire, le Ministère Public est le seul habilité à contrôler ses propres actes en matière de détention préventive, lors de l'autorisation ou de

---

[127] KILALA Pene-AMUNA Gabriel, *Op.Cit*, p. 386.

[128] MUKENDI TSHIDJA-MANGA Freddy, *Procédure pénale militaire congolaise*, On s'en sortira, Kin, 2013 p.69.

confirmation de cette mesure coercitive.[129] Donc l'O.M.P a un pouvoir exorbitant qu'il n'est quasiment soumis en aucun quelconque contrôle juridictionnel, c'est-à-dire aucun contrôle juridictionnel en matière préventive n'est prévu à la justice militaire.

En effet, le risque pour le Ministère Public Militaire, instructeur, de confondre le mandat public dont il est investi et le sentiment de vengeance privée ou la satisfaction personnelle est énorme. Il peut conduire à une gestion irresponsable d'un dossier pénal ou d'un cas et résulter à un abus d'autorité ou de pouvoir.

En somme, la liberté provisoire et la levée des mesures de liberté judiciaire contrôlée en procédure pénale militaire sont de la compétence de l'Auditeur militaire pendant l'instruction préparatoire et de la juridiction à partir de la saisine.

C'est le lieu de proposer le recours aux règles de droit commun pour résoudre les différents problèmes posés par l'instauration des chambres du conseil dans les juridictions militaires pour statuer sur les mesures de détention préventive.

Il est malheureux de constater qu'à ce jour la procédure pénale militaire congolaise ignore le contrôle juridictionnel qui constitue une garantie contre les abus du Parquet surtout lorsqu'on sait que le contrôle hiérarchique a montré ses limites et servi au contraire à couvrir les bavures des subordonnés.[130]

L'absence d'un contrôle juridictionnel, comme l'affirme Colonel Freddy MUKENDI TSHIDJA-MANGA, va à l'encontre de l'esprit de la Constitution et des instruments juridiques internationaux auxquels la RDC a adhérés.

Même si la nouvelle Constitution ne le dit pas expressément, la nécessité de ce contrôle est indéniable.

D'ailleurs la Constitution de transition de 2003 reconnaissait en son article 21 à toute personne privée de sa

---

[129] KILALA Pene-AMUNA Gabriel, *Idem,* p. 387.
[130] MUKENDI TSHIDJA-MANGA, *Op.cit,* p.72.

liberté, le droit d'introduire un recours devant une juridiction qui statuerait à bref délai sur la légalité de sa détention et ordonnerait éventuellement sa libération. Le législateur congolais n'avait fait qu'introduire dans sa législation nationale un texte international, en l'occurrence l'article 9 point 4 du Pacte International relatif aux Droits Civils et Politiques adopté par l'Assemblée Générale de l'Organisation des Nations-Unies dans sa Résolution 2200 A (XXI) du 16 décembre 1966 et entré en vigueur le 23 mars 1976.[131]

Il faut reconnaitre, affirment les magistrats Remy Rufin KILIMPIPI et Freddy MUKENDI, que cette particularité connait deux limitations dont l'interdiction de proroger plus d'une fois la détention préventive si le fait ne parait constituer qu'une infraction à l'égard de laquelle la peine prévue par la loi n'est pas supérieure à deux mois de servitude pénale et l'intervention de la juridiction pour autoriser toute prorogation de la détention préventive au-delà de douze mois consécutifs si la peine prévue est égale ou supérieure à six mois. La juridiction appelée à statuer sur cette prorogation n'est pas une chambre de conseil mais celle qui doit connaître matériellement l'infraction reprochée à l'inculpé.[132]

J'évoque la mise en liberté provisoire.

Paragraphe X : De la mise en liberté provisoire.

La mise en liberté provisoire est une mesure consistant à faire bénéficier à un inculpé en état de détention préventive la faveur de recouvrer provisoirement sa liberté sous certaines conditions.

Il y a la mise en liberté provisoire en procédure pénale ordinaire et en procédure pénale militaire.

[131] Quiconque se trouve privé de sa liberté par arrestation ou détention a le droit d'introduire un recours devant tribunal afin que celui-ci statue sans délai sur la régularité de sa détention et ordonner éventuellement sa libération si la détention est illégale.
[132] KILIMPIPI. R et MUKENDI. F, *Op.Cit*, p. 16.

S/ Paragraphe I : De la mise en liberté provisoire en procédure pénale ordinaire.

Pour bénéficier de la liberté provisoire, le Code de procédure pénale pose un certain nombre de conditions dont la principale est le versement d'une somme à titre de caution destinée à garantir la représentation de l'inculpé à tous les actes de la procédure et l'exécution par lui des peines privatives de la liberté conformément aux dispositions de l'article 32.

Comment met-on en œuvre la liberté provisoire en procédure pénale militaire ?

S/ Paragraphe II : De la mise en liberté provisoire en procédure pénale militaire.

Contrairement à la procédure du droit commun, l'article 212 al 1er[133] du Code Judiciaire Militaire a dispensé les justiciables des juridictions militaires de cette obligation en cas de bénéfice de la liberté provisoire. Ainsi, en aucun cas, la mise en liberté provisoire en faveur des justiciables n'est soumise à l'obligation de fournir un cautionnement.

En procédure pénale militaire, contrairement à la liberté provisoire qui intervient après la détention provisoire, le législateur a prévu, aux articles 205 et 207 du CJM, la liberté judiciaire contrôlée qui est accordée à un inculpé que l'autorité judiciaire militaire n'a pas jugé nécessaire de mettre en état de détention mais à l'égard duquel des mesures de contrôle s'avèrent néanmoins indispensables.

Que dire de la réincarcération de l'inculpé bénéficiant de la liberté provisoire?

---

[133] En aucun cas, la mise en liberté provisoire en faveur des justiciables des juridictions militaires n'est subordonnée à l'obligation de fournir un cautionnement ou d'élire domicile.

Paragraphe XI : De la réincarcération de l'inculpé bénéficiant de la liberté provisoire.

Je traite ici de la réincarcération de l'inculpé bénéficiant de la liberté provisoire en procédure pénale ordinaire et militaire.

S/ Paragraphe I : De la réincarcération de l'inculpé bénéficiant de la liberté provisoire en procédure pénale ordinaire.

L'article 47 du Code de Procédure Pénale Ordinaire reconnaît à l'inculpé réincarcéré le droit de contester la décision de sa réincarcération. Il peut, dans les 24 heures de sa réincarcération, exercer son recours devant le juge qui avait accordé la liberté provisoire.

Je reviens sur la réincarcération de l'inculpé bénéficiant de la liberté provisoire en procédure pénale militaire.

S/ Paragraphe II : De la réincarcération de l'inculpé bénéficiant de la liberté provisoire en procédure pénale militaire.

En procédure pénale militaire, l'inculpé bénéficiant de la liberté provisoire réincarcéré, conformément aux dispositions de l'article 211 du Code Judiciaire Militaire, ne dispose d'aucun droit de recours.

Il y a aussi le classement sans suite à rappeler.

Paragraphe XII : Du classement sans suite

Le classement sans suite est une décision administrative provisoire par laquelle le Ministère Public retient momentanément l'exercice des poursuites pour une infraction, tout en se réservant le pouvoir de revenir jusqu'à l'expiration de l'action publique. Autrement dit, il est le fait pour le magistrat du parquet de s'abstenir de poursuivre le prévenu devant la juridiction de jugement pour divers motifs dont notamment l'insuffisance de preuves, les faits non établis, prescription de l'action publique, l'inopportunité des poursuites, le décès de l'inculpé, de l'amnistie, l'autorité de la chose jugée, le désistement de la partie plaignante pour certaines infractions, etc.

Je rappelle le classement sans suite en procédure pénale ordinaire et militaire.

S/Paragraphe I : Du classement sans suite en procédure pénale ordinaire.

L'instruction préjuridictionnelle ne conduit pas toujours aux poursuites.

Le classement sans suite, prévu à l'article 137 de l'Arrêté d'organisation judiciaire, est une décision prise par le Ministère Public en vertu du principe de l'opportunité des poursuites, écartant momentanément la mise en mouvement de l'action publique. Il ne constitue pas une décision juridictionnelle, mais une pure décision administrative. Contre elle, il n'existe pas de recours judiciaire mais seulement un recours hiérarchique. C'est une décision à caractère provisoire : le Ministère Public peut reprendre la poursuite ultérieurement.

Par cette décision, l'action publique s'éteint définitivement lorsque les motifs de ce classement sont fondés sur des éléments de droit mais s'il s'agit des éléments de fait, l'action est éteinte provisoirement dans la mesure où si de nouveaux éléments apparaissent, l'action publique peut être de nouveau mise en mouvement par le Ministère Public.

Il sied de souligner que la décision de classement sans suite en droit de procédure pénale congolais a la même qualification et les mêmes effets qu'en droit français ou belge.

En droit congolais, l'O.M.P, magistrat instructeur, ne prend pas une ordonnance de non-lieu mais une décision de classement sans suite pour les mêmes motifs qu'en droit français ou belge. On constate le rapprochement entre le classement sans suite en droit congolais, pris à la fin d'instruction préparatoire et l'ordonnance de non-lieu, utilisé en droits français et belge par le juge d'instruction.

Professeur Emile LAMY soutient que le classement sans suite n'a pas d'effet du non-lieu. Or, dans la conception des procédures belge et française, le non-lieu est une décision irrévocable par laquelle le Ministère Public renonce à poursuivre. Elle est assez semblable à la notion de classement par voie d'amende forfaitaire où il y a renonciation définitive. Elle est différente cependant parce que la partie lésée peut toujours continuer l'action publique par voie de citation directe, ce qu'elle ne pourrait faire s'il y a extinction par voie d'amende forfaitaire.[134]

Diverses raisons peuvent motiver le magistrat instructeur à prendre une décision de classement sans suite dont notamment : l'inopportunité des poursuites, l'extinction de l'action publique, le défaut ou l'insuffisance des charges, les faits non constitutifs d'une infraction, les faits non établis, la difficulté ou l'impossibilité de retrouver l'auteur de l'infraction, les causes de non imputabilité, les causes de justification, le défaut de plainte, et la transaction entre la victime et le présumé auteur.

A la clôture d'une instruction préparatoire d'un dossier de plusieurs infractions mises à charge d'une seule personne, le magistrat peut décider du classement sans suite de certaines infractions moins graves et la fixation d'autres infractions qu'il estime plus graves ou qui sont non transigeables.

Il peut aussi y avoir de classement sans suite en procédure pénale militaire.

S/Paragraphe II : Du classement sans suite ou de non-lieu en procédure pénale militaire.

Le Code Judiciaire Militaire prévoit la possibilité pour le magistrat instructeur de prendre une décision disant qu'il n'y a pas lieu à poursuite.[135] Le magistrat instructeur militaire peut classer le dossier pour non-lieu lorsqu'il estime que les faits du dossier de procédure qu'il instruit ne constituent pas une infraction à la loi

---

[134] LAMY. E, *Compétence et de procédure pénale*, cours polycopié de l'Université Officielle du Congo, année académique, 1970-1971, p. 164.
[135] Article 199 alinéa CJM.

pénale, ou que l'inculpé n'a pu être identifié, ou s'il n'existe pas contre celui-ci des charges suffisantes. Dans ce cas, il devra prendre une décision déclarante qu'il n'y a pas lieu à poursuite.

A la phase de poursuite, c'est le Parquet qui est le maître du jeu. Le magistrat instructeur peut décider de classer l'affaire pour diverses raisons, c'est alors qu'on parle de classement sans suite.

Par contre, lorsqu'il estime nécessaire de procéder à une instruction, il saisit le juge d'instruction qui peut prendre une ordonnance de non-lieu lorsqu'il estime que les faits ne constituent pas une infraction.

Une question se pose au sujet de la terminologie utilisée en procédure pénale militaire congolaise à propos du classement de non-lieu. Il sied de noter que la terminologie de l'Ordonnance de non-lieu est une conception franco-belge. En fait, les rédacteurs du Code judiciaire Militaire se sont inspirés de la procédure prévue en droit français où il y a une démarcation entre la phase de poursuite et celle de l'instruction. En France, le classement sans suite est l'œuvre du Parquet qui décide sans instruire alors que le non-lieu est décidé par le juge d'instruction.

C'est ainsi que le magistrat Bienvenu KINGUDI MUNGUL KUDIA affirme que le droit judiciaire ordinaire diffère du droit militaire congolais, bien que les deux aient été fortement influencés par « *leurs droits-géniteurs* », les droits français et belge.[136]

Comme on peut constater, en France, le classement est l'œuvre du parquet qui décide sans instruire alors que le non-lieu est décidé par le juge d'instruction.

Dans le système judiciaire congolais, il n'y a pas de séparation entre les fonctions de poursuite et celle d'instruction. Elles sont toutes dévolues au parquet. Il est par conséquent

---

[136] KINGUDI MUNGUL KUDIA, *La commission rogatoire en droit judiciaire congolais, les difficultés dans la procédure devant les juridictions ordinaire et militaire* in Revue les Analyses juridiques n° 25-26 (2013), p.25.

superflu de distinguer la décision de non-lieu du classement sans suite, les deux émanant de la même autorité et ayant les mêmes effets.

L'ordonnance de non-lieu intervient lorsque le juge d'instruction estime qu'il n'y a pas lieu de continuer les poursuites. L'action publique s'arrête, l'inculpé détenu doit être remis en liberté.

Que dire de la commission rogatoire ?

Section III : De la commission rogatoire.

J'évoque la commission rogatoire en procédure pénale

Ordinaire et en procédure pénale militaire.

Paragraphe I : De la commission rogatoire en procédure pénale ordinaire.

Aucune disposition du Code de Procédure Pénale ordinaire n'aménage l'institution ''commission rogatoire''. En effet, il se dégage des sources documentaires disponibles que les praticiens se sont, dans un premier temps, longtemps appuyés sur l'Ordonnance législative du 14 mai 1886 et l'article 12 du C.P.P[137] traite plutôt de la délégation des pouvoirs des Officiers du Ministère Public aux Officiers de Police Judiciaire et consacre, de ce fait l'institution connue en droit congolais sous la dénomination de « *Réquisition d'information* ».

La prise de conscience a également pour effet, dans cette quête, de tourner le regard de certains autres praticiens à déconsidérer ce dernier fondement légal, article 12 du CPP, au profit de l'article 133 de l'Arrêté d'organisation judiciaire n°

---

[137] Les Officiers du Ministère Public peuvent charger les Officiers de Police Judiciaires d'effectuer les devoirs d'enquêtes, des visites des lieux, de perquisitions et de saisies qui déterminent.

299/79 du 20 août 1979 portant règlement intérieur des Cours, Tribunaux et Parquets.[138]

En droit judiciaire ordinaire, la commission rogatoire n'entend que des rapports procéduraux horizontaux c'est-à-dire entre les magistrats, au moins de même rang.

Paragraphe II : De la commission rogatoire en procédure pénale militaire.

La commission rogatoire est aménagée, en droit judiciaire militaire, par les articles 171 et 172 du CJM. Si aux termes de l'article 171 du CJM, le magistrat instructeur militaire peut requérir, par commission rogatoire directement, tout Officier du Ministère public civil ou militaire, ainsi que tout Officier de Police Judiciaire, de droit commun ou militaire, territorialement compétent aux fins de procéder aux actes d'instruction qu'il estime nécessaires, l'article 172 du même Code énonce que sous réserve des dispositions dudit Code, l'exécution des commissions rogatoires est soumise aux règles du Code de procédure pénale.

Il sied, sur ce point, de relever que l'étude minutieuse de l'article 171 du CJM, bien que compliquée, nous livre une conception étrange de cette institution, en flagrant télescopage avec celle connue en droit judiciaire ordinaire, qui exclut très nettement du champ de la commission rogatoire, le cas de figure de toute délégation de pouvoirs d'un Officier du Ministère Public à un Officier de Police Judiciaire.

En droit judiciaire militaire, spécialement l'article 171 du CJM, la commission rogatoire entend double étalage inclusif des rapports procéduraux, non seulement, horizontaux entre les magistrats, mais aussi de type vertical mettant, de la sorte en relief les relations procédurales entre les magistrats et les Officiers de Police Judiciaire.

---

[138] La commission rogatoire est adressée directement au magistrat du parquet compétent pour en assurer l'exécution avec pouvoir de délégation à un Officier de Police Judiciaire.

Ce type de relation procédurale cristallise, non pas la commission rogatoire, plutôt, soit les réquisitions d'information (RI), soit celles aux fins d'enquête (RFE) que le droit militaire congolais prend fort heureusement soin de distinguer dans la pratique.

Il s'agit de la même institution regardée différemment selon que l'O.M.P Militaire requiert un O.P.J qui n'est pas directement sous ses ordres (RI) ou qui dépend de lui, mais à qui il délègue des pouvoirs dont l'énumération à l'article 12 CPP.[139]

Partant de l'interprétation *a contrario* de l'article 171 du CJM, une commission rogatoire ne peut viser d'autres choses que l'instruction et, en aucune façon les actes de poursuite. A ce titre, un Procureur ne peut commettre rogatoirement son collègue « *compétent* » d'un autre ressort et lui demander, à titre d'exemple, de poser des actes de poursuite, telles, la confection d'une requête aux fins de fixations, d'une décision de renvoi, d'un ordre de traduction directe, l'exécution des mandats, l'arrestation d'un inculpé se trouvant en dehors de sa sphère légale d'activités.

Conformément aux dispositions de l'article 173 du CJM, en temps de guerre, sous l'état d'urgence ou de siège ou à l'occasion d'une opération tendant au maintien ou au rétablissement de l'ordre public, le magistrat militaire peut exécuter les commissions rogatoires de toute nature concernant les militaires ou assimilés et les personnes à la suite de l'armée en vertu d'une autorisation.

Que dire sur la saisine des juridictions ?

[139] KINGUDI MUNGUL KUDIA B, *Op.Cit p.28.*

Chapitre III : De la saisine des juridictions.

Ce chapitre a pour pierre de touche la saisine des juridictions.

La spécificité de la procédure pénale militaire au regard de la procédure pénale ordinaire apparaît également dans leur mode de saisine. Il est à noter qu'en procédure pénale ordinaire, la juridiction est saisie soit par le Ministère public, soit par la partie lésée. Par contre, en procédure pénale militaire, seul le Ministère public soumet la cause à la juridiction. Donc, il est impossible pour la partie lésée de saisir directement une juridiction militaire.

Toutefois, les deux types de juridictions peuvent être également saisis par la comparution volontaire, la saisine d'office et la sommation verbale.

Je parle de la saisine des juridictions en procédure pénale ordinaire.

Section I : De la saisine des juridictions en procédure pénale ordinaire.

Les juridictions de droit commun sont saisies notamment par la citation à prévenu, la citation directe, la comparution volontaire.

Paragraphe I : De la citation à prévenu.

L'article 54 du CPP dispose que : « *La juridiction de jugement est saisie par la citation donnée au prévenu et éventuellement à la personne civilement responsable, à la requête de l'Officier du Ministère Public ou de la partie lésée* ». La juridiction de droit commun est toujours saisie par le Ministre public lorsqu'il s'agit d'une personne jouissant du privilège de juridiction.

A la fin de l'instruction préparatoire, le Ministère Public fait accompagner le dossier d'un document appelé « *Requête aux fins de fixation d'audience* ». Ce document n'est prévu ni dans la Loi organique n° 13/011-B du 11 avril 2013 portant organisation, fonctionnement et compétences des juridictions de l'ordre judiciaire ni dans l'Arrêté d'organisation judiciaire n° 299/79 du 20 août 1979 portant règlement intérieur des cours, tribunaux et parquets.[140] C'est ici l'occasion de rappeler qu'une requête aux fins de fixation, document administratif par excellence, ne peut saisir une juridiction de jugement.

Pour Maître Franck MULENDA, l'expression ''*Requête aux fins de fixation d'audience*'' est inadaptée à notre système judiciaire où il n'existe pas de juridictions d'instruction comme en France ou en Belgique.[141]

Lorsque le Ministère Public décide d'exercer l'action publique, il communique les pièces au Président de la juridiction compétente qui devra, à son tour, prendre une ordonnance de fixation de date d'audience où l'affaire sera appelée.

La Requête aux fins de fixation d'audience n'est pas un acte d'accusation ni acte par lequel le tribunal est saisi étant entendu que le tribunal est saisi par la citation à prévenu qui constitue '' le contrat judiciaire''.

Le dépôt matériel des pièces est le mode par lequel le Ministère Public engage les poursuites. Dès le dépôt, les faits qu'il entend soumettre au tribunal bien que la saisine du tribunal ne sera légalement déterminée que par les faits repris à la citation.

---

[140] NKONGOLO TSHILENGU Mathieu, *Droit judiciaire congolais, le rôle des cours et tribunaux dans la restauration d'un droit violé ou contesté*, éd Service de Documentation du Ministère de la justice, Kinshasa, 2003, p.66.

[141] MULENDA LUETETE DJAWO F, *Etudes de quelques questions fondamentales de la procédure pénale de droit commun et de la procédure pénale militaire. Recueil de mes communications*. Tome I, éd DES, Kinshasa, 2018 p.54.

La communication au juge compétent se fait en remettant le dossier et les objets saisis au greffe du tribunal compétent. Ce dépôt est accompagné d'une lettre de transmission adressée au Président de la juridiction, non seulement pour satisfaire à la courtoisie de mise entre magistrats mais encore pour garder les traces du dépôt de la lettre sollicitant fixation.[142]

Dès le dépôt du dossier au greffe de la juridiction compétente, l'action publique est irrévocablement engagée, le Ministère Public est dessaisi et ne dispose plus des pouvoirs.

Que dire de la citation directe ?

Paragraphe II : De la citation directe.

La victime d'une infraction qui détient suffisamment des preuves peut attraire le présumé auteur devant une juridiction par voie de citation directe conformément à l'article 48 de l'Arrêté d'organisation judiciaire n° 299/79 du 20 août 1979 portant règlement intérieur des cours, tribunaux et parquets et l'article 56 du CPP qui font allusion à la citation directe de la partie lésée.

L'alinéa 2 de l'article 56 du CPP dispose que le greffier de la juridiction compétente pourvoit à la citation des personnes que la partie lésée désire faire citer. En fait, la partie lésée fournit tous les éléments nécessaires à la citation. Si le requérant sait écrire, il remet au greffier une déclaration signée.

Elle est dite citation directe puisque la partie civile n'est pas passée par le truchement du parquet pour que celui-ci mène une instruction préparatoire avant les poursuites devant les cours et tribunaux ; elle a directement, elle-même, saisi les juridictions répressives compétentes pour connaitre de son affaire qui l'oppose au prévenu. A vrai dire, la victime force la main du Ministère Public à poursuivre la personne citée afin d'obtenir réparation intégrale du préjudice subi par elle.

---

[142] RUBBENS A, *Le droit judiciaire congolais. L'instruction criminelle et la procédure pénale*, Tome III, éd PUC, Kin, 1978, p.118.

La partie lésée peut tout de même porter son action civile devant la juridiction répressive et dans ce cas, elle agit par voie d'action lorsqu'il estime que le Ministère public qu'il avait saisi n'a pas intenté l'action publique pour des raisons inavouées.

La citation directe a été instituée au profit de la partie lésée pour contourner les manœuvres dilatoires des Parquets. Partant, elle se doit être une procédure rapide et expéditive pour avoir évité la phase de l'instruction préparatoire. Elle suppose que la partie lésée dispose elle-même des preuves de l'infraction que le tribunal découvrira lors de l'examen à l'audience.

Il sied de noter que la victime d'une infraction peut demander réparation du dommage, soit devant un tribunal civil, soit devant un tribunal répressif. La citation directe déclenche non seulement l'action publique, mais également elle force la main au Ministère Public, qui devient, vouloir ou pas, partie poursuivante.

Selon une certaine doctrine, si la partie lésée use de la citation directe alors que l'affaire est encore en instruction au niveau du Parquet, le Ministère Public peut faire reporter l'action de la partie civile jusqu'à la clôture de l'instruction. En d'autres termes, tant que dure l'instruction, le dépôt d'une citation directe demeure sans effet sur les pouvoirs du Ministère Public quant à l'instruction et quant à la détention du prévenu.[143] Je ne partage pas d'avis avec cette doctrine pour la simple raison que le législateur a institué la saisine du tribunal par citation directe au profit des parties civiles pour justement contourner les manœuvres dilatoires des parquets.

Le Tribunal de Grande Instance de Lubumbashi a même décidé que si après plusieurs remises de la cause, la partie citante demande une nouvelle remise sans en donner les raisons, s'il échet de déclarer le prévenu non coupable des infractions mises à sa charge et de l'en acquitter, étant donné que l'entêtement du citant de ne pas soutenir son action démontre à suffisance qu'il ne

---

[143] KILALA Pene-AMUNA, G: *Op.cit,* Tome II pp. 566.

possède aucune preuve contre le prévenu et qu'il n'a pas intérêt à poursuivre celui-ci.[144]

Est irrecevable, une citation directe faite à charge d'un magistrat militaire. Celui jouissant d'un privilège de juridiction.[145]

Selon le circulaire n° 026/008/I.M/P.G.R/1971 du 22 décembre 1971, le fait pour un magistrat de saisir par citation directe la juridiction de jugement ou d'instruire lui-même une affaire à laquelle il est intéressé est de nature à entamer les garanties d'intégrité et d'impartialité indispensables pour l'administration d'une bonne justice.

Par ailleurs, une citation directe mal fondée peut avoir le caractère d'une dénonciation calomnieuse.

Aussi, le magistrat KILALA Pene-AMUNA pense que si le dossier a été clôturé par classement sans suite pour n'importe quel motif (l'inopportunité des poursuites, insuffisance des charges, inexistence de l'infraction…) ou par des amendes transactionnelles, la citation directe doit être frappée d'irrecevabilité parce que la citation directe a pour effet de mettre en mouvement l'action publique alors que celle-ci est déjà définitivement éteinte ou provisoirement au niveau du Parquet.[146] Il a été jugé qu'en application de l'article 54 alinéa 2 du CPP, les personnes qui bénéficient d'un privilège de juridiction ne peuvent être citées qu'à la requête du Ministère public. Est donc irrecevable la citation directe de ces personnes devant une juridiction répressive.[147] Toutefois, lorsqu'il y a lieu de poursuivre une personne jouissant d'un privilège de juridiction, cette citation ne sera donnée qu'à la requête d'un Officier du Ministère public. Ces personnes sont citées dans la Constitution et aux articles 89 alinéa 2, 91 alinéa 2 et 93 de la loi organique n° 13/011-B du 11

---

[144] T.G.I Lubumbashi, 6/12/1978 in RZ n° 1, 2 et 3, 1985.

[145] Kis, 16/05/1974, M.P C/MUD, RJZ, n° 1 et 2, 1976, p. 79.

[146] KILALA Pene-AMUNA <u>Op.Cit</u> Tome I pp. 461.

[147] Cour Suprême de Justice, RPA 64, du 18/08/1980, inédit, cité par DIBUNDA, *Répertoire général de la jurisprudence de la Cour Suprême de Justice 1969 – 1985*, éd PPDZ, Kin, 1990 p. 34.

avril 2013 portant organisation, fonctionnement et compétences des juridictions de l'ordre judiciaire.[148]

Il est admis que la citation directe n'est jamais recevable devant la Cour de cassation. Il est déplorable que la constitution de la partie civile ne soit pas recevable devant la Cour de Cassation, statuant comme juridiction de fond conformément à l'article 78 de la Loi organique n° 23/010 du 19 février 2013 relative à la procédure devant la Cour de cassation parce qu'il consacre un privilège et avantage indu pour certaine catégorie des justiciables.

Dans le cas de la citation à prévenu du Ministère Public comme celui de la citation directe de la victime doivent, conformément aux dispositions de l'article 57 du Code de Procédure Pénale, indiquer à la requête de qui elles sont faites, énoncer les noms, prénoms et demeure du cité, l'objet de la citation, le tribunal devant lequel la personne citée doit comparaître, le lieu et le moment de la comparution, la qualité de celui qui effectue et la façon dont elle est effectuée,[149] l'indication de la nature, la date et le lieu des faits dont la personne citée aura à répondre.

Il sied de noter que la citation de la partie civile est dite « *Citation directe* » puisque cette dernière n'est pas passée par le truchement du parquet pour que celui-ci mène une instruction préparatoire avant les poursuites devant les cours et tribunaux. La partie lésée a directement saisi les juridictions répressives compétentes pour connaitre de son affaire qui l'oppose au prévenu.

Il y a la comparution volontaire.

---

[148] MASUANGI MBUMBA Jules, *Des questions controversées de procédures civile et pénale devant les juridictions de droit commun*, Presses de la Funa, Kinshasa, 2014, p. 26.

[149] La constitution de la partie civile n'est pas recevable devant la Cour de Cassation. De même, la Cour ne peut statuer d'office sur les dommages-intérêts et réparations qui peuvent être dus en vertu de loi, de la coutume ou des usages locaux. L'action civile ne peut être qu'après l'Arrêt définitif de la Cour et devant les juridictions ordinaires.

Paragraphe III : De la comparution volontaire.

Conformément au Code de Procédure Pénale, la juridiction de jugement est également saisie par la comparution volontaire du prévenu, et le cas échéant de la personne civilement responsable, par simplement avertissement. Toutefois, lorsque la peine est supérieure à 5 ans de servitude pénale principale, elle ne saisira la juridiction pénale que si avisé par les juges qu'il peut réclamer la formalité de la citation, le prévenu déclare y renoncer. Cette réserve s'applique aussi quelle que soit la peine prévue par la loi, si l'intéressé est détenu ou si, à l'audience, il est poursuivi aussi d'une infraction non comprise dans la poursuite originaire.[150]

Il a été arrêté que ne constitue pas une comparution volontaire du prévenu le fait d'avoir été interpellé sur certains faits et d'avoir répondu, si les formalités légales exigées par l'article 58 du CPP n'ont pas été respectées.[151]

Je souligne la sommation verbale.

Paragraphe IV : De la sommation verbale.

La sommation verbale est prévue par l'article 66 du CPP.

Elle est faite à personne soit par le Ministère Public ou le greffier de la juridiction compétente. La sommation verbale doit faire connaitre le moment de la comparution, la nature, la date et le lieu de la commission des faits mis à charge du prévenu.

Pour qu'une sommation verbale soit valable, il faut que les faits infractionnels mis à charge du prévenu soient punis d'une peine égale ou inférieure à 5 ans ou d'une peine d'amende seulement.

---

[150] Article 55 alinéa 2 du CPP.

[151] CSJ, 25/05/1974, RPA, 27, B.A 1975, p.166 in KATUALA KABA KASHALA, *Op.Cit*, p. 171.

La sommation verbale est soumise au respect du délai de huit jours francs pour permettre aux prévenus de préparer leur moyen de défense, à défaut la saisine est irrégulière.[152]

Que dire sur la saisine des juridictions en procédure pénale militaire ?

Section II : De la saisine des juridictions en procédure pénale militaire.

Contrairement à la procédure pénale ordinaire, l'exercice de l'action publique dans toute sa plénitude et devant toutes les juridictions militaires appartient à l'Auditeur Général des forces armées alors qu'en procédure pénale ordinaire l'exercice de l'action publique appartient aux Procureurs Généraux près les Cours d'Appel, chacun dans leur ressort respectif.

Lorsque le magistrat instructeur militaire estime que le fait dont il est saisi constitue une infraction de la compétence de la juridiction militaire et qu'il a réuni tous les éléments permettant d'établir à suffisance la culpabilité de la personne poursuivie, il renvoie celle-ci devant cette juridiction pour jugement.

Concrètement le magistrat instructeur termine son instruction par l'établissement d'une note de fin d'instruction qu'il communique à l'auditeur militaire. Celui-ci dispose de trois jours pour donner son avis.[153]

La note de fin d'instruction est exigée chaque fois que l'infraction retenue est punissable de plus d'une année de servitude pénale. C'est-à-dire que dans l'hypothèse où les faits sont constitutifs d'une infraction punissable d'un an de servitude pénale ou moins, le magistrat instructeur peut se limiter à un simple rapport.

---

[152] C.A d'Appel de Bandundu, R.P.A 1258 du 13/03/2010 in MASANI MASTSHI. H et consort, *Les arrêts de la Cour d'Appel de Bandundu (Octobre 2009 à décembre 2021) avec notes,* Service de documentation et d'études du Ministère de la justice, Kin, 2011, p. 86.
[153] Article 197 du CJM.

En définitive, c'est l'Auditeur Militaire lui-même qui signe la décision de renvoi devant la juridiction de jugement[154] s'il décide d'entériner les propositions faites par le magistrat instructeur dans son rapport ou dans sa note de fin d'instruction. Sinon il peut retourner le dossier à son instructeur en lui prescrivant d'autres devoirs d'instruction qu'il estime nécessaires ou alors décider d'une autre suite à y réserver.[155]

Il y a une certaine concurrence entre l'Auditeur Général et l'Auditeur Supérieur qui créé une confusion quant à la mise en mouvement et au contrôle de l'exercice de l'action publique. Avec l'étendue du territoire national et la multiplication des dossiers instruits par les parquets militaires, il y a lieu d'alléger la tâche de l'Auditeur Général et de laisser au seul Auditeur Militaire Supérieur la plénitude de l'action publique.

Les juridictions militaires sont saisies principalement par voie de traduction directe, par décision de renvoi émanant de l'Auditeur Militaire près la juridiction compétente, dérogeant les articles 54 et 55 du Code de Procédure Pénale ou par la comparution volontaire du prévenu. La comparution volontaire ne se conçoit que devant une juridiction déjà saisie par l'un des deux modes précités.

A ces trois modes de saisine énumérés à l'article 214 alinéa 1er du Code Judiciaire Militaire, on peut ajouter deux autres modes de saisine à savoir la saisine d'office en cas de délit d'audience et la présentation du prévenu devant la juridiction en cas d'infraction intentionnelle flagrante.

Une victime ne peut que passer par le parquet militaire pour faire valoir ses prétentions contrairement à la procédure pénale ordinaire où il existe la possibilité pour elle de saisir le juge par une citation directe. Donc, la victime n'a aucune possibilité de saisir directement une juridiction militaire par voie de citation directe.[156]

---

[154] Article 214 du CJM.
[155] MUKENDI TSHIDJA-MANGA Freddy, *Op.Cit*, p.88.
[156] MUKENDI TSHIDJA-MANGA Freddy, *Op.Cit* , p.38.

Seul le Ministère Public Militaire peut renvoyer l'inculpé devant une juridiction militaire pour être jugé.

Les juridictions militaires ne siègent que lorsqu'elles examinent l'action publique. Elles ne peuvent siéger uniquement en matière civile. Toutefois, l'action pour réparation du dommage causé par une infraction qui rentre dans leur compétence peut être poursuivie par la partie lésée en se constituant partie civile devant le même juge siégeant en action publique.[157]

Devant les juridictions militaires, la partie lésée par une infraction de la compétence de ces juridictions peut se constituer partie civile et réclamer la réparation du préjudice. Contrairement à la procédure devant les juridictions de droit commun qui permet à la victime d'une infraction de saisir le juge par citation directe afin d'obtenir réparation du préjudice subi.

Devant les juridictions militaires pareille procédure n'existe pas. La victime est appelée de saisir le juge concomitamment avec l'action publique mue par l'Officier du Ministère Public.

Il sied de souligner que dans le Code de Justice Militaire du 18 décembre 1964, le principe de l'incompétence des juridictions militaires à l'égard de l'action civile en réparation du préjudice tiré du fait incriminé était consacré et c'est l'Ordonnance-loi n° 72/060 du 25 septembre 1972 portant Code de Justice Militaire, que cette compétence a été reconnue aux juridictions militaires et reconduit dans la Loi n° 023/2002 du 18 novembre 2002 portant Code Judiciaire Militaire.

Est-il, affirme Colonel Freddy MUKENDI, qu'une demande reconventionnelle du prévenu contre la partie civile n'est pas interdite par la loi devant les juridictions militaires.[158]

Je parle de la traduction directe, la décision de renvoi, la comparution volontaire ?

---

[157] Article 77 du CJM.
[158] MUKENDI TSHIDJA-MANGA Freddy, *Ibidem,* p.p 118-119.

Paragraphe I : De la traduction directe.

La traduction directe est l'œuvre du magistrat militaire instructeur en vertu des articles 200, 214 et 215 du CJM.

La traduction directe est l'un des modes de saisine de la juridiction militaire par lequel l'Officier du Ministère Public qui, après avoir reçu les procès-verbaux de l'Officier de Police Judiciaire, estime que le dossier est suffisamment instruit, complet et trouve superfétatoire toute autre instruction, décide d'exercer les poursuites en transmettant ledit dossier ainsi constitué dans l'état où il l'a reçu, à la juridiction compétente. En d'autres termes, la traduction directe est le mode de saisine de la juridiction militaire qui est utilisé par l'Auditeur Militaire lorsqu'il n'a pas été procédé à une instruction préparatoire par le parquet.

La décision de traduction directe prise par le magistrat militaire ne peut être confondue avec une citation directe, œuvre d'une victime, sans passer par une instruction pré juridictionnelle préalable.

Concrètement, l'Auditeur Militaire établit l'acte de saisine par une lettre missive et transmet le dossier au Président de la juridiction pour fixation de la date à laquelle la cause sera examinée. Contrairement à la procédure pénale devant les juridictions de droit commun où la lettre de transmission constitue un acte de procédure appelée « *Requête aux fins de fixation de la date d'audience* », en procédure pénale militaire, cette lettre n'en est pas une. Elle consiste en une simple missive, bien qu'ayant le même contenu que la requête. Il faut faire remarquer qu'en procédure pénale militaire, il n'existe pas de requête aux fins de fixation, acte par lequel le parquet se dessaisit du dossier.

Paragraphe II : De la décision de renvoi

La décision de renvoi est le mode de saisine de la juridiction militaire par lequel l'Officier du Ministère Public, ayant reçu le dossier judiciaire émanant de l'Officier de Police Judiciaire, ou de son cabinet, décide de poursuivre l'inculpé devant la juridiction compétente. Elle est le mode de saisine couramment utilisé par l'Auditeur Militaire pour saisir la juridiction militaire compétente.

La décision de renvoi contient les indications suivantes :

- Le nom et la qualité de l'autorité de qui elle émane ;
- L'identité complète du prévenu ;
- Le libellé des préventions à charge du prévenu et les lois applicables ;
- La juridiction devant laquelle le prévenu est renvoyé ;
- La date de l'établissement de la décision et la signature de l'autorité judiciaire de qui elle émane.

Par la décision de renvoi, comme par la décision de traduction directe, la juridiction militaire compétente est saisie mais elle ne pourra siéger qu'après l'accomplissement de la formalité des citations.

Il est important de souligner que lorsque la décision de renvoi reprend le libellé d'une prévention qui n'a pas fait l'objet d'une instruction par le Parquet, la juridiction doit se déclarer non saisie de ces faits.

Par contre, s'il y a eu instruction par le Parquet, on ne peut pas saisir la juridiction compétente au moyen d'une traduction directe. La juridiction devra se déclarer dans ce cas également non régulièrement saisie.

Que dire de la comparution volontaire ?

Paragraphe III : De la comparution volontaire.

Comme nous avons dit précédemment, la comparution volontaire est l'un des modes de la saisine des juridictions.

Le Code Judiciaire Militaire prévoit la possibilité pour une juridiction militaire d'être saisie par la voie de la comparution volontaire lorsqu'il résulte des débats ou des pièces du dossier que le prévenu peut être poursuivi pour des faits autres que ceux qui figurent dans la décision qui l'a renvoyé ou traduit directement devant la juridiction. Il s'agit là du cas d'extension de la saisine du Tribunal.

La comparution volontaire peut aussi servir à couvrir les irrégularités de forme d'exploit notamment en cas des omissions sur les citations, le non-respect des délais, les erreurs matérielles sur les dates.

C'est aussi l'opinion du professeur AKELE ADAU qui déclare qu'en droit de procédure militaire, la citation apparaît comme un acte d'administration de la justice non substantiel qui n'est pas prévu à peine de nullité. En cas d'irrégularité de citation, la comparution volontaire peut servir de correctif.[159]

Dans ce cas le prévenu, averti par le juge, doit renoncer expressément à la formalité d'une nouvelle citation régulière pour que sa comparution volontaire soit valable. Il faut retenir qu'au niveau d'appel les dispositions de l'article 216 CJM[160] ne sont pas applicables. On ne pourra recourir à la comparution volontaire que pour couvrir d'éventuelles irrégularités de forme, sinon ce serait priver du droit au double degré de juridiction pour les faits nouveaux. Elle peut même couvrir l'absence de notification pourvu que la juridiction d'appel soit par une déclaration d'appel régulière.

La saisine d'office est la forme de saisine de la juridiction militaire qui s'applique en cas de délit d'audience. Celui-ci est défini comme toute infraction commise dans la salle et pendant la durée de l'audience d'une juridiction.

En procédure pénale militaire, la juridiction militaire qui siège peut se saisir d'office dans quatre cas :

---

[159] AKELE ADAU Pierre, *Droit de procédure pénale militaire*, module du séminaire de formation des magistrats militaires et des avocats de la défense, Monuc, Kinshasa, 2007, p.24.

[160] Lorsqu'il résulte des débats et des pièces du dossier que le prévenu peut être poursuivi pour des faits autres que ceux qui figurent dans la décision de renvoi ou de traduction directe, l'extension de la saisine de la juridiction est acquise par sa comparution volontaire.

- Lorsque le prévenu ou les personnes qui assistent à l'audience causent des troubles ou tumulte qui font obstacle au déroulement normal de l'instance;[161]
- Lorsqu'une personne se rend coupable envers un ou plusieurs membres de la juridiction militaire de voies de fait, d'outrage ou de menace par propos ou gestes ;[162]
- Lorsque la juridiction procède au jugement d'un témoin défaillant ou d'un témoin récalcitrant, c'est-à-dire celui qui refuse de déposer ou de prêter serment ;
- Lorsque la juridiction militaire décide de juger le contrevenant à l'interdiction d'utiliser les appareils prohibés à l'audience ;[163]

Il me faut évoquer les exploits et leurs significations.

---

[161] Article 234 et 240 CJM.
[162] Article 235 du CJM.
[163] Article 231 du CJM.

Chapitre IV : Des exploits et leurs significations.

Ce chapitre a pour pierre de touche les exploits et leurs significations. Je parle des citations, assignations et notifications, des modalités de signification de la citation à prévenu, des délais de citation et des assignations.

Section I : Des citations, assignations et notifications.

Je traite des citations, assignations et notifications en procédure pénale ordinaire et en procédure pénale militaire.

Paragraphe I : Des citations, assignations et notifications en procédure pénale ordinaire.

La citation est un acte de procédure par lequel le prévenu et les autres parties au procès sont notifiés (ou signifiés) que l'affaire sera appelée aux jour, mois, année, heure et le lieu pour répondre des faits infractionnels mis en leur charge ou pour défendre leurs droits ou encore soutenir leurs prétentions afin de permettre à la juridiction de juger en vue de restaurer le droit violé ou contesté.[164]

Les citations sont rédigées par le greffier qui accomplit diverses formalités qui y sont constatées.[165]

Que dire des citations, assignations et notifications en procédure pénale militaire ?

---

[164] NKONGOLO TSHILENGU, M : *Op.cit*, p. 92.
[165] Article 56 alinéa 2 du CJM.

Paragraphe II : Des citations, assignations et notifications en procédure pénale militaire.

La juridiction militaire est saisie par une décision de renvoi ou une traduction directe et ne peut valablement siéger qu'après que les prévenus aient été cités dans les formes et délais légaux.

En procédure pénale militaire, la citation est utilisée pour le prévenu alors que la partie civilement responsable, la partie civile, les témoins et les experts comparaissent sur base d'une assignation.[166]

Aussi, en droit judiciaire militaire, contrairement à la procédure pénale ordinaire, la citation à prévenu n'est pas un mode de saisine d'une juridiction mais une formalité prévue à peine de nullité par laquelle le prévenu est placé dans la possibilité de connaître le lieu, la date et la juridiction devant laquelle il est appelé à comparaître.[167] Cette formalité est d'ordre public et son absence rend la saisine de la juridiction militaire irrégulière.

En somme, la citation à prévenu en procédure pénale militaire ne saisit pas une juridiction militaire. Elle a une particularité par rapport au droit commun. Elle est prise après la délivrance d'une décision de renvoi ou de traduction directe, qui saisit la juridiction militaire.

Ce sont ces deux documents qui forment la base et les liens du contrat judiciaire. Les juridictions militaires ne connaissent que des faits qui sont repris dans la décision de renvoi ou dans la traduction directe du Ministère Public, qui sont les actes de saisine.

La citation à prévenu peut, à la limite, être considérée comme une notification de date d'audience et lorsqu'elle fait défaut, il faut dire que l'affaire n'est pas en état d'être appelée, et non, la non-saisine.

---

166 Article 321 du CJM.

167 NAWELE MUKONGO. C, *Guide pratique du cérémonial des juridictions militaires*, R.D.C, février-mars, 2006, p.29.

Contrairement à la procédure pénale ordinaire, en procédure pénale militaire, l'exception de non-saisine ne porte pas sur la citation à prévenu mais sur la décision de renvoi ou de la traduction directe.[168]

L'omission de cette formalité par le greffier ne permet pas à la juridiction de se déclarer non saisie, mais l'oblige, plutôt à renvoyer la cause en enjoignant au greffier de reprendre son exploit de citation et d'en notifier au prévenu. Il en est ainsi de la citation à prévenu faite hors délai.

Seule l'absence de la décision de renvoi ou de traduction directe permet au juge militaire de se déclarer non saisi et de renvoyer le dossier de la procédure au parquet pour la régularisation de la saisine.

La citation à prévenu est une formalité qui permet aussi au prévenu de préparer la défense devant la juridiction qui y est indiquée.

Elle contient les mentions suivantes :

- Nom et qualité de l'autorité requérante ;
- Référence à la décision de renvoi ou de traduction directe et le numéro de l'extrait de rôle de la juridiction saisie, les lieu, date et heure de l'audience ;
- La prévention et le texte de loi applicable ;
- Les noms des témoins et experts que le Ministère Public se propose de faire entendre ;
- L'avertissement que le prévenu doit notifier au Ministère Public avant l'audience, par déclaration au greffe, la liste des témoins qu'il propose de faire entendre ;
- La date d'émission et la signature du greffier.

---

[168] Article 214 et 215 du CJM.

Section II : Des modalités de signification de la citation à prévenu.

Il y a des modalités de signification de la citation à prévenu en procédure pénale ordinaire et militaire.

Certaines spécificités apparaissent entre la procédure pénale ordinaire et procédure pénale militaire dans les modalités de signification des citations à prévenu.

Paragraphe I : Des modalités de signification de la citation à prévenu en procédure pénale ordinaire.

Devant les juridictions de droit commun, la citation à prévenu est signifiée à la personne, au domicile ou à la résidence connue en République Démocratique du Congo. Elle peut également être signifiée par envoi d'une copie de l'exploit, sous plis fermé mais en découvert, soit recommandé à la poste avec avis de réception, soit remis par un messager ordinaire contre récépissé daté et signé par le cité ou par un parent ou allié, au maître ou un serviteur, un voisin ou au chef de subdivision coutumière de la Chefferie ou au chef du groupement coutumier incorporé dans la collectivité auquel appartient l'intéressé conformément aux dispositions des articles 58 à 60 du Code de Procédure Pénale.

Si le cité n'a ni domicile, ni résidence connue en République Démocratique du Congo mais a un autre domicile ou une autre résidence non connue, une copie de l'exploit est affichée à la porte principale du tribunal qui doit connaître de l'affaire et une autre copie est immédiatement expédiée à découvert à la poste et un extrait est envoyé pour publication au Journal Officiel conformément aux dispositions de l'article 61 du Code de Procédure Pénale.

Est nul l'exploit de signification notifié au prévenu par l'entremise de son voisin, si l'huissier a omis de mentionner n'avoir trouvé au domicile du cité ni parent, ni allié, ni maître, ni serviteur. Cette omission étant de nature à lui porter grief.[169]

La Cour a réitéré sa position dans son arrêt du 3 octobre 1979 en affirmant que : « *Est fondé pour violation de l'article 59 du CPP, le moyen qui reproche au juge d'appel de n'avoir pas corrigé le premier juge en ce que celui-ci avait déclaré valable l'exploit signifié au voisin sans mentionner que l'huissier n'avait trouvé au domicile ni parent, ni allié ni maître, ni serviteur*».

Il y a des modalités de signification de la citation à prévenu en procédure pénale militaire.

Paragraphe II : Des modalités de signification de la citation à prévenu en procédure pénale militaire.

Devant les juridictions militaires, la signification des exploits peut être faite à personne, à domicile ou au commandant d'unités en cas d'absence. Toutefois, il sied de souligner que la signification par missive et la signification par messager prévues par l'article 60 du CPP ordinaire ainsi que la signification par édit et missive prévue par l'article 61 du CPP ordinaire ne sont pas admises devant les juridictions militaires.

A personne, l'agent chargé de la notification remet au prévenu une copie de la citation. Dans ce cas, il dresse un procès-verbal constatant la notification et signe conjointement avec le prévenu notifié. En cas de refus ou d'impossibilité pour ce dernier de signer, il en fait mention dans le procès-verbal.

En cas de citation à personne, le prévenu qui doit répondre d'une infraction punissable d'une année au moins de servitude pénale et qui ne comparaît pas sans excuse valable ne sera pas jugé par défaut. La procédure qui sera appliquée et le jugement à intervenir seront réputés contradictoires.[170] Le défaut ne pourra

---

[169] C.S.J, R.C 46 du 03/04/1974 in LUKOO MUSABAO R, *La jurisprudence congolaise de droit du travail et sécurité sociale*, éd On s'en sortira, Kin, 2006, p. 361.
[170] Article 238 alinéa 2 CJM.

être appliqué que s'il s'est évadé ou qu'il ne comparait pas alors qu'il n'a pas été cité à personne.

Au domicile, lorsque les renseignements recueillis reprennent le lieu où réside le prévenu, la citation peut être signifiée à son domicile ou à sa résidence, en parlant à un parent ou un allié ou un serviteur et à défaut de l'un d'eux, elle est signifiée à un voisin.

Au commandant d'unités, si toutes les recherches sont restées infructueuses ou en cas d'absence irrégulière, une copie est remise sous pli fermé comportant les noms, grade et unité du destinataire de l'acte.

Si le destinataire n'a pas de domicile connu ni d'unité précise ou s'il réside à l'étranger, il est procédé comme pour le cas de recherches infructueuses, c'est-à-dire que la citation est faite au parquet militaire près la juridiction saisie. Le Ministère Public vise l'original de l'acte et envoie, le cas échéant, la copie à toutes les autorités intéressées de qui dépend le militaire. Une copie est affichée à la porte de la juridiction qui doit connaître de l'affaire.

Lorsque la peine prévue par la loi ne dépasse pas cinq ans de servitude principale ou ne consiste qu'en une amende, la citation peut être remplacée par une simple sommation verbale faite par le Ministère Public ou le greffier au prévenu, à la partie civile ou à la partie civilement responsable. Dans ce cas la sommation précise :

- L'objet, la juridiction, le lieu, la date et l'heure de la comparution ;
- La nature, la date et le lieu des faits qui seront examinés.

L'agent instrumentant dresse le procès-verbal de la sommation.

Il faut noter que la citation est soumise à un formalisme strict. Lorsqu'elle n'a pas été régulièrement faite, la juridiction doit se déclarer non saisie et il sera ordonné au greffier de recommencer, à moins que l'irrégularité ne soit couverte par la comparution volontaire du prévenu mais lorsqu'en dépit de l'irrégularité de la citation, le juge statue alors qu'il n'y pas eu comparution volontaire, sa décision est susceptible d'annulation pour saisine irrégulière en cas de recours.

Il y a des délais des citations.

Section III : Des délais de citation.

Le délai de procédure est une période au cours de laquelle la loi accorde à l'une ou l'autre partie d'une procédure pour réaliser une formalité précise notamment le délai de comparution laissé à la partie citée pour la préparation de sa défense.

Une autre spécificité de la procédure pénale militaire par rapport à la procédure pénale ordinaire réside dans les délais de citation.

Paragraphe I : Des délais de citation en procédure pénale ordinaire.

Conformément aux dispositions de l'article 62 du Code de Procédure Pénale, le délai de citation pour le prévenu et la partie civilement responsable est de 8 jours francs entre le jour de la citation et le jour de la comparution, sans compter *dies a quo et dies ad quem*, y compris un (1) jour par 100 km de distance.

Aussi, le même article parle du délai de 3 mois comptés de date à date pour les personnes qui n'ont ni domicile ni résidence en République Démocratique du Congo.

Lorsqu'une citation à une personne domiciliée hors de la République Démocratique du Congo est remise à sa propre personne dans ce territoire, elle n'emporte que le délai ordinaire.

Toutefois, dans les cas qui requièrent célérité, à la requête de la partie poursuivante, le Président de la juridiction, par décision administrative motivée appelée ''*Ordonnance abréviative de délai*'', peut abréger le délai de 8 jours francs, conformément aux dispositions de l'article 63 du CPP, laquelle sera annexée à la citation à prévenu lors de la signification. L'abréviation ne concerne que le délai de 8 jours et non le délai de 3 mois.

Réagissant aux abus commis par certains chefs de juridictions de son ressort sur l'abréviation de délai, le Premier

Président de la Cour d'appel de Kinshasa/Gombe a pris la Circulaire n° 002 du 09 mars 2021 relative à la notion d'abréviation de délai dans laquelle il affirme: « *Je voudrais rappeler à l'attention de tous les Chefs des juridictions que le droit congolais ignore le délai ad momentum c'est-à-dire d'heure à heure et applique le dies autrement dit le jour, de sorte que doit être prescrite la notion d'heure à heure en cas d'abréviation de délai. A ce sujet, il doit être observé que :*

1. *Ne peuvent être abrégés que les jours de la huitaine franche, dont le minimum d'un (1) jour franc doit être respecté ;*

2. *Le délai de distance est incompressible et par conséquent, ne doit être abrégé, il consiste en un jour par cent kilomètres (article 62 alinéa 1 in fine du CPP et 9 alinéa 1 in fine du Code de Procédure Civile ;*

3. *Le délai exceptionnel prévu aux articles 62 alinéa 2 du CPP et 9 alinéa 2 du CPC, pour citation ou assignation à domicile inconnu ou à des personnes n'ayant ni domicile, ni résidence sur le territoire national c'est-à-dire en République Démocratique du Congo est de trois mois. Il est de même incompressible et ne peut faire l'objet d'une abréviation.*

Toute violation de ces dispositions est constitutive de faute et donnera désormais lieu à l'ouverture d'une action disciplinaire, avec possibilité d'interdiction d'exercice ».

Que dire des délais de citation en procédure pénale militaire ?

Paragraphe II : Des délais de citation en procédure pénale militaire.

Le délai entre le jour où la citation à comparaître est signifiée au prévenu et le jour fixé pour sa comparution est de deux jours francs au moins.[171] En cas d'absence du prévenu, le délai court à partir du jour où la citation est notifiée selon le cas à son domicile ou à sa résidence, à son commandant d'unité ou au Ministère Public. S'il y a eu affichage, le délai court à partir de ce jour.

Contrairement à la procédure pénale ordinaire qui accorde le délai de 3 (trois) mois à la partie citée qui n'a ni domicile ni résidence en RDC, en procédure pénale militaire, quel qu'en soit le destinataire d'un acte, s'il n'a pas de domicile connu, ou s'il a été recherché sans succès, ou s'il réside à l'étranger, la signification de la citation est faite au Parquet Militaire près la juridiction saisie et des copies visées par le Ministère public sont envoyées à toutes les autorités intéressées de qui dépend le militaire.

L'al 2 de l'article 320 du CJM précise que la citation à comparaître doit être délivrée au prévenu au moins deux jours francs avant le jour fixé pour l'audience en temps de paix, et trois heures avant la tenue de l'audience, en temps de guerre.[172]

La notion de délai de distance est inexistante en droit de procédure pénale militaire.

En procédure pénale militaire, conformément aux dispositions de l'article 229 du CJM, particulièrement en temps de guerre, la juridiction militaire peut accorder un délai raisonnable au prévenu cité ou traduit directement devant elle pour lui permettre de préparer sa défense.[173]

Il faut signaler qu'en cas de remise contradictoire il n'y aura plus de délai à observer. A l'audience de remise, la partie qui ne comparaîtra pas verra, à son égard, la procédure se dérouler s'il y a lieu par défaut étant entendu que la remise vaut citation.

Bien que le Code de Justice Militaire soit muet en ce qui concerne le délai de citation de civilement responsable, colonel

[171] Article 320 du CJM.
[172] Articles 320 alinéa 2 et 229 alinéa 2 du CJM.
[173] Ce délai ne peut dépasser vingt-quatre heures.

MUKENDI TSHIDJA-MANGA Freddy estime que celui-ci, étant dans le même camp que le prévenu, doit être soumis aux mêmes dispositions légales, c'est-à-dire celles qui prévoient un délai de deux jours francs.[174]

La partie civile peut être appelée à comparaitre le même jour de l'audience. Néanmoins, le greffier doit prendre les dispositions utiles pour qu'elle soit avisée à temps pour éviter des remises qui retarderaient le déroulement de l'instance.

Selon une décision de la Cour Suprême de Justice, autant que possible la procédure devant les juridictions militaires sera celle en vigueur devant les juridictions civiles conformément aux dispositions du Code de Procédure Pénale ordinaire.[175]Ainsi, sauf circonstances particulières à apprécier par les juridictions militaires pour motiver l'abandon de la procédure ordinaire, le délai de citation de 8 jours francs doit être respecté pour permettre au prévenu de préparer ses moyens de défense. A défaut d'avoir cité ces circonstances exceptionnelles, la décision est cassée pour violation de l'article 62 du CPP.[176] Il faut que le prévenu ait les temps, c'est-à-dire les conditions et les facilités pour la préparation de sa défense. Il doit disposer du temps nécessaire pour la préparer.[177] Les droits de la défense ont une valeur constitutionnelle et par ce fait, par application du principe juridique de la hiérarchie des normes, si une loi, un arrêté, un règlement, une circulaire ou tout autre acte quelconque, par ses dispositions entrave ou réduit les droits de la défense, on ne peut en principe, en appliquer ou s'il en a été fait, l'acte qui en résulte doit être annulé.

Le droit de bénéficier le temps suffisant pour préparer sa défense est affirmé par les textes juridiques internationaux notamment le Pacte International relatif aux Droits Civils et

---

[174] MUKENDI TSHIDJA-MANGA Freddy, *Op.Cit*, p.p 112-113.
[175] Article 10 du Décret-loi du 18 décembre 1964.
[176] C.S.J, 29 décembre 1971, R.P 37, RZD, 1972, Tome II, p. 29 in KATUALA KABA KASHALA, *Op.Cit*, p. 31.
[177] MATADI NENGA GAMANDA, *Le droit à un procès équitable*, Doit et idées nouvelles, Bruxelles, 2002, p. 74.

Politiques dans ses articles 9-2 et 14 3° qui disposent que : « *Toute personne accusée d'une infraction pénale a droit, en pleine égalité, au moins aux garanties suivantes : A disposer du temps et des facilités nécessaires à la préparation de sa défense...* », l'article 105 alinéa 3 de la Convention (III) de Genève relative au traitement des prisonniers des guerre de 1949 dispose que : « *Pour préparer la défense du prévenu, le défenseur disposera d'un délai de deux semaines au moins avant l'ouverture des débats ainsi que les facilités nécessaires. Il bénéficiera de ces facilités jusqu'à l'expiration des délais de recours* » et constitue une atteinte aux droits du prévenu qui n'aura pas matériellement le temps de se préparer ainsi que l'article 67 du Statut de Rome qui reconnaît à un accusé le droit de disposer du temps et des facilités nécessaires à la préparation de sa défense.

Je parle des assignations.

Section IV : Des assignations.

Sont assignés les témoins et experts qui doivent être entendus par la juridiction soit d'office soit sur demande d'une des parties au procès. A l'instar de la partie civile, les témoins et experts peuvent être appelés à comparaitre le même jour.

L'assignation à témoin ou expert doit contenir les mentions suivantes :

- Le nom et la qualité de l'autorité requérante,
- Le nom et domicile du témoin ou de l'expert ;
- Les date, lieu et heure de l'audience et la juridiction devant laquelle la personne assignée doit comparaître en précisant la qualité (témoin, renseignant ou expert) ;
- L'avertissement que la non-comparution, le refus de témoigner et le faux témoignage sont punis par la loi ; - La signature du greffier qui établit et la date.

Il y a une catégorie des personnes à qui on notifie certains actes avant le procès. C'est le cas des juges assesseurs qui ne sont pas des magistrats de carrière mais qui sont à la juridiction pour faire partie de la composition.

Les Officiers désignés et ayant l'obligation légale de siéger, ils ne pourront éventuellement être poursuivis en cas d'abstention que s'ils ont préalablement reçu notification de la date d'audience.[178] Cette notification doit donc leur être faite et les commandants des unités dont ils dépendent doivent en être informés afin de prendre les dispositions nécessaires pour pourvoir à leur remplacement pendant la durée des audiences.

Le chapitre suivant a pour pierre de touche les déroulements des audiences.

---

[178] Article 27 du CJM.

Chapitre V : Du déroulement de l'audience.

Ce chapitre a pour matrice le déroulement de l'audience.

Un certain nombre de spécificités apparaissent dans le déroulement des audiences devant les juridictions de droit pénal militaire par rapport aux juridictions de droit commun notamment lors de l'ouverture des audiences, dans l'assistance ou la représentation des prévenus, des incidents de procédure, de l'instruction, de la clôture des débats, du délibéré, du prononcé des décisions judiciaires et lors de la rédaction des décisions judiciaires rendues.

Ce chapitre traite de l'ouverture de l'audience, de l'assistance et de la représentation des parties, des incidents de procédure, de la connexité, de la récusation, de l'instruction à l'audience, du délibéré et du prononcé des décisions.

Section I : De l'ouverture de l'audience.

Le déroulement du procès est presque pareil devant les juridictions de droit commun et les juridictions militaires. Cependant les rites cérémonials appliqués devant les juridictions militaires les différencient des juridictions de droit commun.

Paragraphe I : De l'ouverture de l'audience devant la juridiction de droit commun.

Devant les juridictions de droit commun, à l'heure indiquée pour le début de l'audience, les juges entrent solennellement dans la salle.

Pendant l'audience après que le greffier du tribunal ait sonné la clochette pour annoncer le début des audiences.

Les juges, le ministère public et le greffier en toge et en fil indien font leur entrée dans la salle pendant ce temps, l'assistance se lève par respect au tribunal jusqu'à ce que le Président de la Chambre prononce le mot d'ouverture et l'invite à rasseoir.[179]

Le Président de la chambre procède à l'appel des affaires inscrites dans l'extrait du rôle du jour d'après l'ordre de préséance des avocats.

Après avoir vérifié sa saisine par rapport aux parties, à la demande d'une des parties, une remise pourrait être accordée pour une ou autre raison.

Mais si le tribunal constate qu'il n'est pas saisi par rapport à l'une des parties, il peut renvoyer l'affaire à une autre audience et ordonner au greffier de régulariser la procédure à l'égard de la partie pour laquelle il s'est déclaré non saisi sauf la comparution volontaire de ladite partie qui accepte de couvrir les irrégularités de la saisine notamment si la citation n'a pas été notifiée au prévenu ou que le délai entre la signification et la comparution de ce jour est en dessous de 8 jours francs, ou encore que la signification faite au domicile l'a été à un allié sans avoir au préalable mentionné le défaut du parent etc…

Je parle de l'ouverture de l'audience devant la juridiction militaire.

Paragraphe II : De l'ouverture de l'audience devant la juridiction militaire.

A son entrée dans la salle d'audience, la composition arrive en file indienne dans l'ordre suivant : le Président, les juges magistrats (s'il y a des magistrats de carrière dans la composition), ou le 1er juge assesseur, le 2e juge assesseur, le 3e juge assesseur, le 4e juge assesseur, le greffier du siège et le Ministère public et l'assistance se met débout jusqu'à la fin des honneurs militaires du détachement de la police d'audience.

Pour clore les honneurs militaires le Président de la chambre déclare : « *Arme au pied et repos* ». C'est à ce moment

[179] NGANDA FUMABO Luc, *L'audience judiciaire*, les éditions Rivages africains, Kinshasa, 2012, p. 104.

que les membres de la composition et l'assistance vont se mettre assis.

De même, pendant les suspensions, les reprises, la clôture des audiences ainsi que lors des prononcés des jugements, les membres de la composition reçoivent les honneurs militaires qui leur sont rendus par les éléments de la police d'audience commandés généralement par un sous-officier. Il sied de souligner que la loi ne le prévoit pas expressément.

La solennité de la cérémonie exige de la part des officiers appelés à siéger notamment les juges, les Officiers de Ministère Public, les greffiers ainsi que les défenseurs militaires ainsi que les autres militaires qui comparaissent à quelque titre de porter la tenue militaire. Par contre le magistrat civil appelé à faire partie de la composition d'une juridiction militaire est appelé à porter la toge et non la tenue militaire.

A la différence du droit commun, l'article 219 du Code de Justice Militaire confère au juge militaire certains pouvoirs exceptionnels en affirmant que le juge militaire saisi peut, si l'instruction préparatoire lui semble incomplète ou si des éléments nouveaux sont révélés depuis sa clôture, ordonner à l'Auditeur militaire le supplément d'instruction ou tous les actes qu'il estime utiles.

Les pièces supplémentaires (procès-verbaux, documents ou autres pièces) sont à verser au dossier au greffe de la juridiction. La procédure à suivre après le renvoi est celle de l'instruction préparatoire. Il peut décerner un mandat d'arrêt contre le prévenu défaillant ou l'un des actes de procédure.[180]

Il se dégage que l'article 219 précité donne au juge militaire le pouvoir d'apprécier seul le travail d'instruction fait par le parquet avant tout examen au fond. Le juge militaire se substitue au supérieur hiérarchique de l'Officier du Ministère Public, magistrat instructeur militaire. Le pouvoir discrétionnaire sans partage du Président d'une juridiction militaire dans la conduite

[180] Articles 219 et 220 du CJM.

des débats et dans la recherche de la vérité est empreinte de certaines particularités.

Cette disposition permet au juge de donner des injonctions au Ministère Public violant ainsi le principe de l'indépendance du ministère public par rapport au juge, principe sacro-saint en procédure pénale ordinaire, confirmé par l'arrêt de principe de la Cour Suprême de Justice dans un de ses arrêts par lequel elle a cassé l'arrêt de la Cour d'appel de Kinshasa pour avoir demandé le parquet de compléter l'enquête.

Alors que le Ministère Public est le seul juge de l'action publique. Il lui appartient d'apprécier l'opportunité des poursuites pour mettre lui-même l'action publique en mouvement. Si le dossier est incomplet, la juridiction saisie n'a qu'à compléter elle-même l'enquête notamment par des mesures d'instruction complémentaire ou si elle n'est pas d'accord avec le Ministère Public, elle doit tirer les conséquences de l'insuffisance des éléments de preuve dans sa décision avant dire droit.

J'estime que le législateur du CJM a octroyé au juge militaire les pouvoirs beaucoup plus étendus et même dangereux lorsqu'il en fait un usage trop zélé. Cet article fait du juge militaire un juge de l'instruction pré juridictionnelle en lui donnant le pouvoir de faire procéder à des actes d'instruction par l'auditeur militaire.

Je partage l'avis de Maître Franck MULENDA qui, en parlant de l'article 219 du CJM, affirme que le juge a un rôle actif à jouer dans une affaire pénale, et de ce fait, l'instruction juridictionnelle peut suffire pour clarifier ou compléter certains points au lieu de renvoyer le dossier au parquet pour exécuter les devoirs prescrits. L'art 219 du CJM viole le droit de la défense reconnu non seulement par les dispositions de l'article 19 alinéa 2 de la Constitution du 18 février 2006 mais également les dispositions de l'article 14 du P.I.D.C.P qui affirment que toute personne accusée d'infraction a le droit de voir sa cause être jugée sans retard excessif.

Aussi, le magistrat KAMBALA MUKENDI Jean Isaac Camile se pose la question de savoir qu'à la lumière des dispositions de l'article 219 du CJM, quelle est la sanction que le juge militaire pourrait prendre à l'égard de l'Auditeur militaire qui s'abstiendrait à répondre à son injonction à procéder aux devoirs précités ?

Il est de souhait, au regard de toutes ces critiques que l'article 219 du CJM congolais soit carrément et simplement supprimé.

J'évoque au point suivant l'assistance et la représentation des parties au procès.

Section II : De l'assistance et la représentation des parties au procès.

La Constitution du 18 février 2006 de la République Démocratique du Congo organise et garantit le droit de la défense en affirmant en son article 19 alinéa 4 que « *Toute personne a le droit de se défendre elle-même ou de se faire assister d'un défenseur de son choix et ce, à tous les niveaux de la procédure, y compris l'enquête policière et à l'instruction préjuridictionnelle* ».

Cette section parle de l'assistance et de la représentation des parties en procédure pénale ordinaire et militaire.

Paragraphe I : De l'assistance et de la représentation des parties en procédure pénale ordinaire.

D'après la procédure pénale ordinaire, le prévenu comparait en personne. Toutefois, dans les poursuites relatives à des infractions dont la peine de servitude prévue par la loi n'est pas supérieure à deux ans, le prévenu peut comparaitre par un avocat porteur d'une procuration spéciale. En dépit de la comparution par son conseil, le tribunal peut toujours exiger la comparution personnelle du prévenu (article 71 du CPP). Maître Jules MASUANGI fait constater qu'il est des juges qui omettent de demander la procuration spéciale à un avocat qui comparait pour son client en cas de représentation. C'est une violation de la loi.[181]

Si la personne citée ne comparaît pas, elle est jugée par défaut.[182] Mais si avant la clôture des débats, le prévenu défaillant comparaissait, le tribunal rabat le défaut et le juge reprend l'instruction *ab ovo* pour permettre au défaillant qui comparait de se défendre.[183]

Il a été arrêté qu'en dépit de la mention '' *contradictoire*'' contenue dans le jugement attaqué, si le prévenu, demandeur en cassation, n'avait pas comparu ou n'était pas représenté conformément au prescrit de l'article 71 du CPP, le jugement sera cassé.[184]

La partie civile ou le civilement responsable peut se faire assister ou se faire représenter par un conseil de son choix.[185]

Il ressort de la lecture des dispositions des article 1er alinéa 1er [186] et 125[187] de l'Ordonnance-Loi n° 79-028 du 28 septembre 1979 portant organisation du Barreau, du corps des défenseurs judiciaires et du corps des mandataires de l'Etat que les avocats et les défenseurs judiciaires sont les deux catégories de professionnels qui ont le monopole d'assistance ou de représentation des parties devant les juridictions. En d'autres termes, seuls les avocats, licenciés ou docteurs en droit d'une part et les défenseurs judiciaires, personnel ayant reçu une formation

---

[181] MASUANGI MBUMBA Jules*:* *Op.Cit*, p. 39.
[182] Article 72 du CPP.
[183] KILALA Pene-AMUNA, G, *Attributions du Ministère public et procédure pénale*, Tome 2, Amuna, Kin, 2006, p. 589.
[184] CSJ, 28/10/1986 Affaire MBUSU C/ M.P et consorts in KATUALA KABA KASHALA, *Op.Cit*, p. 177. [185] Article 73 du CPP.
[185]Article 73 du CPP.
[186] Les avocats sont des auxiliaires de justice chargés d'assister ou représenter les parties, postuler, conclure et plaider devant les juridictions.
[187] Les défenseurs judiciaires sont des auxiliaires de justice, chargés d'assister ou représenter les parties, postuler, conclure et plaider devant les tribunaux de paix et les tribunaux de grande instance.

juridique élémentaire peuvent assister ou représenter leurs clients en justice.

Que dire de l'assistance et la représentation des parties en procédure pénale militaire?

Paragraphe II : De l'assistance et de la représentation des parties en procédure pénale militaire.

L'article 238 du CJM dispose que pour des infractions punissables d'une année au moins de servitude pénale, le prévenu régulièrement cité à personne doit comparaître. S'il ne comparaît pas et s'il ne fournit pas une excuse reconnue valable par la juridiction, il est procédé au jugement, son défenseur choisi d'office. Le jugement rendu contre lui dans ces conditions sera réputé contradictoire. Si le prévenu en détention refuse de comparaître, sommation d'obéir à la justice lui est faite au nom de la loi par un agent de la force publique commis à cet effet par soit le président, soit l'officier du ministère public. Il est dressé procès-verbal de la sommation, de la lecture du présent article et de la réponse du prévenu. Si celui-ci n'obtempère pas à la sommation, le président, après lecture faite à l'audience du procès-verbal constatant son refus, ordonne, nonobstant son absence, la poursuite des débats. Il en est de même du prévenu exclu de la salle d'audience pour perturbation.

Il ressort de la lecture de l'article précité, que la comparution personnelle du prévenu est obligatoire dans le cas où les faits de poursuite mis à sa charge sont punissables d'une année de servitude pénale au moins.

Devant les juridictions militaires, pour les infractions punissables d'une peine de servitude d'une année au moins, le prévenu régulièrement cité doit comparaître[188] contrairement à la procédure pénale ordinaire qui veut que pour les infractions punissables des peines de servitudes pénales d'au moins d'une année que le prévenu soit représenté par un défenseur de son

188 Article 238 du CJM.

choix porteur d'une procuration spéciale comme l'affirme l'article 71 alinéa 2 du Code de procédure pénale.

L'assistance et la représentation des parties, en procédure pénale militaire, sont admises conformément à l'article 61 du CJM qui dispose que : « *La défense des prévenus devant les juridictions militaires est assurée par des avocats inscrits au Barreau, par des défenseurs judiciaires et des militaires agréés par le Président de la juridiction* ».

Selon l'article 61 précité, en dehors des avocats et défenseurs judiciaires, la présence des militaires agréés par le Président de la juridiction est autorisée pour l'assistance des prévenus devant les juridictions militaires.

Les défenseurs militaires c'est-à-dire les militaires agréés pour défendre leurs compagnons d'arme sont choisis sans égard à leur grade et Ils ne peuvent pas assister ou représenter les parties civiles.

Ainsi, un Sous-officier et même Caporal peuvent assurer la défense d'un officier prévenu. C'est le cas dans l'affaire inscrite sous RPA 001/05 par devant la Cour Militaire de Matadi en audience foraine tenue à la Base de Kitona le 16/11/2005 où le prévenu était assisté par un sergent-major, agent de police judiciaire de l'auditorat de garnison.

Les défenseurs militaires sont agréés par le président du tribunal et exercent leurs ministères que devant les tribunaux militaires de garnison et de police du ressort du Tribunal de Grande Instance.[189] Par-là, certains soutiennent l'interdiction des défenseurs militaires de plaider devant les Cours Militaires[190] mais cependant on voit des cas où les défenseurs militaires sont admis à

---

[189] Article 62 du CJM.

[190] Cour Militaire, audience foraine tenue à Mbanza Ngungu, arrêt avant dire droit du 14/04/2005 dans l'affaire inscrire sous RPA 0012/05.

plaider non seulement devant la Cour Militaire mais aussi devant la Haute Cour Militaire.[191]

Le Code Judicaire Militaire a semblé avoir prévu un mécanisme pour pallier la carence de défense en prévoyant la défense des prévenus devant les juridictions militaires par les défenseurs militaires agréés. Cependant cette loi n'a pas déterminé les modalités de désignation de ces défenseurs militaires. Elle s'est limitée seulement à reconnaître le pouvoir de leur désignation au président de la juridiction.

Le professeur LIKULIA BOLONGO trouve que dans le choix de ces défenseurs militaires, le juge doit opérer un choix parmi les officiers ayant des notions de droit. Il va jusqu'à proposer l'institution d'un corps spécial des défenseurs judiciaires militaires à l'instar du système institué aux Etats-Unis d'Amérique.[192]

Enfin, une question mérite d'être posée en ce qui concerne le principe de la liberté reconnu à toute personne d'être défendue par la personne de son choix tel que repris dans les instruments juridiques internationaux ratifiés par la RDC[193] d'une part et le monopole reconnu aux seuls avocats congolais ou ceux dont leurs pays ont des conventions de réciprocité avec la RDC d'autre part.

La section suivante a pour matrice les incidents de procédure.

Section III : Des incidents de procédure.

Un incident de procédure est tout élément qui vient perturber, freiner ou interrompre le déroulement normal d'une instance.

---

[191] Arrêt de la HCM sous R.P n° 001/2004 Aff M.P et parties civiles C/ Colonel ALAMBA MUNGAKO Charles et consorts.

[192] LIKULIA Bolongo, *Op.Cit*, p .96.

[193] La Déclaration onusienne de la Havane qui pose le principe du libre choix de l'avocat sans aucune condition de nationalité, les Statuts de la Cour Pénale Internationale, la Charte africaine des droits de l'homme et des peuples.

Il y a des incidents en procédure pénale ordinaire.

Paragraphe I : Des incidents en procédure pénale ordinaire.

Au début ou au cours de l'instance, il peut y avoir des incidents de procédure qui surgissent ou qui sont soulevés par les parties ou même d'office par le juge ayant pour effet soit de rejeter l'action, soit de la retarder, soit encore de la rejeter définitivement.

Les incidents relatifs à la régularité de la saisine et l'exception « *d'obscuri libelli* » ne peuvent être soulevés qu'*in limine litis*[194] c'est-à-dire, au début du procès et non en cours d'instance. La jurisprudence affirme que '' *limine litis* '' n'est pas le premier appel de la cause, mais le moment où les parties, après avoir échangé les conclusions et dossiers, plaident à l'audience et déposent leurs pièces et défenses en vue d'obtenir le jugement.[195]

Les exceptions d'ordre public à savoir les exceptions dilatoires ou déclinatoires de compétence [196] les exceptions péremptoires ainsi que les fins de non-recevoir notamment la compétence de la juridiction saisie, l'extinction de l'action publique due à la prescription, au décès du prévenu, à l'amnistie, à l'abrogation de la loi, les causes de non imputabilité telles que la démence au moment des faits, la minorité, la contrainte irréversible, l'immunité parlementaire, la chose jugée, etc… peuvent être soulevées en tout état de la cause.

---

[194] Au seuil du procès c'est-à-dire le moment de l'instance où celle-ci va être liée par le dépôt des conclusions au fond des plaideurs ou encore dès le début du procès.

[195] 1er Inst. Elisa, 15/01/1929, R.C.JB, p. 82, Elis, 11/12/1956, RJCB, 1957, p.41 ; contra 1er Inst, Elis, 23/07/1949, p.12.

[196] Les exceptions dilatoires ou déclinatoires de compétence sont des incidents qui ne permettent pas la recevabilité de l'action publique puisqu'une condition exigée pour l'exercice de cette action n'est pas réalisée. Dans ce cas, le tribunal doit se dessaisir ou se déclarer non saisi.

L'Officier du Ministère Public, magistrat audiencier, est tenu de formuler ses réquisitions à propos de tout incident dont les parties ont soulevé au début ou en cours d'instance.[197]

Lorsque l'incident est soulevé par une partie, le juge est tenu de répondre aux conclusions de la partie qui excepte par un jugement motivé. Le juge dispose, en ce cas, de deux possibilités : soit il répond à l'exception par un jugement avant dire droit soit il joint la dite exception au fond et poursuit l'instruction de la cause pour rendre un seul jugement définitif qui répond à la fois de l'exception et du fond de l'affaire. Lorsque l'exception péremptoire soulevée est déclarée fondée, l'instance sera définitivement éteinte étant donné que les exceptions péremptoires écartent ou mettent définitivement fin à l'action publique.

Cependant, lorsqu'une partie soulève une exception préjudicielle, la juridiction répressive est tenue de surseoir à statuer jusqu'à ce que le tribunal civil ou administratif saisi rende son jugement sur la question. L'instance pénale est interrompue et ne reprend que lorsque le jugement sur l'exception soulevée est rendu par le tribunal compétent saisi.[198]

Aussi, l'article 162 de la Constitution fait de la Cour Constitutionnelle[199] le seul juge d'exception d'inconstitutionnalité. Les juridictions civiles comme les juridictions militaires sont tenues de surseoir à l'examen de la cause jusqu'à ce que la Cour constitutionnelle ait statué sur la question d'inconstitutionnalité parce que non seulement cette exception donne droit au justiciable de faire valoir les droits qu'il tire de la Constitution d'une part mais aussi la Cour constitutionnelle passe pour le rempart en matière de sauvegarde des droits fondamentaux et des libertés publiques et l'exception d'inconstitutionnalité n'est que la

---

[197] KILALA Pene-AMUNA, *Op.Cit,* p.p 605-606.

[198] *Idem*, p. 597.

[199] La Cour Constitutionnelle est régie par les articles 157 à 169 de la Constitution, la Loi organique n° 13/026 du 15 octobre 2013, Règlement intérieur ainsi que l'Ordonnance n° 16/070 du 22 août 2016 portant dispositions relatives au Statut particulier des membres de la Cour Constitutionnelle.

conséquence du contrôle de constitutionnalité, lui-même émanation du principe de normativité d'autre part.[200]

D'où la question de savoir, au regard de l'article 162 de la Constitution,[201] l'article 52 alinéa 3 de la Loi organique n° 13/026 du 15 octobre 2013 portant organisation et fonctionnement de la Cour Constitutionnelle[202] et l'article 47 alinéa 3 du Règlement intérieur de la Cour Constitutionnelle la juridiction devant laquelle l'exception de l'inconstitutionnalité est soulevée peut- elle passer outre la surséance ?

Dans l'affaire inscrite sous R.P 26.931 M.P et partie civile RDC contre les prévenus SAMIH JAMMAL, KAMEREHE LWA KANYIGINI Vital et MUHIMA NDOOLE Jeannot avaient soulevé les exceptions d'inconstitutionnalité en date du 11/06/2020 pour non-respect des articles 5, 17, 19 de la Constitution tout en sollicitant du tribunal la surséance, le Tribunal de Grande Instance de Kinshasa/Gombe a, dans sa décision, déclaré ce moyen impertinent en ce que d'une part, l'exception n'était pas soulevée *in limine litis*, donnant ainsi l'air d'un dilatoire.

Il a fait observer que pour rendre intelligible le prescrit de l'article 162 de la Constitution de la République, le Premier Président de la Cour de Cassation a, dans sa Circulaire numéro 001 du 07 mars 2017, souligné que lorsque le justiciable saisit la Cour constitutionnelle, par voie principale, d'une requête en inconstitutionnalité d'un acte législatif ou réglementaire ou encore

---

[200] MUGANZA MUYUMBA, *L'exception d'inconstitutionnalité des lois en droit positif congolais*, éd Malaika, Kin, 2016, 11.

[201] La Cour Constitutionnelle est le juge de l'exception d'inconstitutionnalité soulevée devant ou par une juridiction. Toute personne peut saisir la Cour Constitutionnelle pour inconstitutionnalité de tout acte législatif au règlementaire. Elle peut, en outre, saisir la Cour Constitutionnelle, par la procédure de l'exception de l'inconstitutionnalité invoquée dans une affaire qui la concerne devant une juridiction. Celle-ci sursoit à statuer et saisit, toutes affaires cessantes la Cour Constitutionnelle.

[202] Dans ce cas, la juridiction sursoit à statuer et saisit la Cour toutes affaires cessantes.

d'un édit provincial, la requête ainsi formée par le justiciable est inopérante pour produire, par son dépôt au greffe de la Cour Constitutionnelle, l'effet de la surséance devant le juge de fond. Il devra le faire une seule fois *in limine litis*. Aussi, pour la Cour, a ajouté le Tribunal précité, une requête en inconstitutionnalité introduite devant la Cour Constitutionnelle par une partie est inopérante devant le juge de fond qui ne peut donc pas surseoir à l'examen de la cause.

Pour le Tribunal de Grande Instance de Kinshasa/Gombe, la position prise par la Cour constitutionnelle dans son arrêt du 08 septembre 2014 sous R.Const 310/311, non seulement illustre à merveille les manœuvres dilatoires dont une partie peut user à travers l'exception d'inconstitutionnalité.[203]

Aussi, la Cour Constitutionnelle dans son arrêt du 4 décembre 2020 sous R.Const 1.272,[204] dans le cadre de la requête en inconstitutionnalité signée par Maître KALELA MUNINA Gustave, porteur de procuration spéciale du 3 août 2020 du prévenu Général de brigade WANYANGA MUZUMBI Jean-Israël contre l'arrêt du 2 juillet 2020 de la Haute Cour Militaire inscrite sous R.P 015/2020, a relevé l'impérieuse nécessité de fixer, par un *Arrêt de principe*, la portée de l'application de l'article 162 de la Constitution afin de lui restituer sa compréhension et son sens utilitaire au regard du mécanisme de la protection des droits et libertés fondamentaux qu'elle consacre en faveur tant des citoyens que des justiciables. En somme, la Cour Constitutionnelle a tranché en prenant une position et en fixant le cadre organique sur la question de l'exception d'inconstitutionnalité, objet d'interprétation diverse.

La Cour Constitutionnelle commence par préciser que la saisine par voie d'exception ne se réalise que par l'existence d'un arrêt ou d'un jugement avant dire droit ordonnant la surséance et

---

[203] L'exception d'inconstitutionnalité soulevée dans l'affaire inscrite sous R.P 26.931 par devant la Haute Cour Militaire.

[204] KILALA Pene-AMUNA et KALALA MUENA MPALA, *Procès de 100 jours : Analyse des exceptions soulevées*, Tome I, Blessing, Kampala, 2021, p.65.

déférant l'exception soulevée devant elle. Il s'agit d'un renvoi préjudiciel qui ne se réalise que par décision judiciaire. Ainsi, une requête produite au débat ne constitue pas une exception d'inconstitutionnalité et n'entraine aucune conséquence.[205] La Cour Constitutionnelle relève, s'agissant de la nature juridique de la question prioritaire d'inconstitutionnalité, qu'il s'agit d'une exception d'ordre public à soulever, non pas *in limine litis* comme l'a enseigné une certaine Circulaire[206] et jurisprudence, mais à toute hauteur de la procédure, dès lors que même une juridiction peut l'invoquer d'office.

Dans l'Arrêt précité, la Cour Constitutionnelle dit pour droit que l'exception d'inconstitutionnalité n'existe juridiquement et le juge ne peut surseoir que lorsque la partie qui l'invoque précise ou indique les dispositions législatives et règlementaires qui violent la Constitution dont la violation est vantée.

En l'absence de cette indication ou lorsque les actes dont l'inconstitutionnalité est invoquée sont des actes de procédure « assignations, citations, ordonnances de fixation d'audience, abréviations de délai de comparution, réquisitions, mandats ou juridictionnels (décisions judiciaires) », l'exception manque en droit et donc sans objet.[207]Dans ce cas, le juge ne peut ni renvoyer devant la Cour constitutionnelle. Il s'agit donc *d'un mécanisme de pré-filtrage reconnu au juge de fond.*

Il y a aussi des incidents en procédure pénale militaire.

Paragraphe II : Des incidents en procédure pénale militaire.

Aux termes de l'article 246 du CJM, quelle que soit la manière dont elle est saisie, la juridiction devant laquelle le

---

[205] La Haute Cour tranche donc la contradiction née de la Circulaire qui voulait que le Chef de juridiction la saisisse par requête.

[206] Circulaire numéro 001 du 07 mars 2017 signée par le Premier Président de la Cour de Cassation.

[207] Il sied de noter que pour les actes de procédure, on soulève l'exception de nullité et pour les actes juridictionnels, il y a les voies de recours ordinaires et extra ordinaires prévues par la loi.

prévenu est déferré apprécie sa compétence d'office ou sur déclinatoire.

Les exceptions et les incidents concernant la régularité de la saisine ou des nullités de la procédure antérieure à la comparution doivent faire l'objet d'un mémoire unique déposé avant les débats au fond. En d'autres termes, le prévenu ou le Ministère Public qui entend faire valoir des exceptions concernant la régularité de la saisine ou de la nullité de la procédure antérieure à la comparution doit à peine d'irrecevabilité et avant le débat au fond déposer un mémoire unique.

L'article 247 du CJM dispose que les exceptions et incidents relatifs à la procédure au cours des débats font l'objet d'un jugement motivé, rendu avant la clôture des débats, sauf décision contraire de la juridiction saisie.

Qu'il s'agisse des exceptions déclinatoires, les exceptions dilatoires ou les exceptions péremptoires, la partie qui prend l'initiative de les soulever, doit le faire avant l'examen au fond en déposant un mémoire unique. Le dépôt d'un mémoire unique est obligatoire avant le débat au fond sous peine d'irrecevabilité. S'il y a plusieurs prévenus, tous les mémoires doivent également être déposés avant les débats au fond pour que le tribunal puisse statuer par un seul jugement motivé.

La Haute Cour Militaire précise en affirmant que le mémoire unique ou la requête de la partie civile doit être déposé avant les débats au fond.[208]

La juridiction, après avoir reçu le mémoire unique, doit accorder la parole à la partie qui a soulevé l'exception ou les exceptions afin de développer oralement ses moyens et les soumettre au débat contradictoire avant de les prendre en délibéré pour un jugement définitif sur incident. Elle doit examiner la recevabilité de l'exception, c'est-à-dire la qualité de la personne qui l'a soulevée, le moment où elle est soulevée ainsi que la nature de cette exception.

---

[208] Bulletin des arrêts de la Haute Cour Militaire, 3e éd 2013, p. 9.

Un mémoire unique peut être déposé et soutenu après l'identification du prévenu et la lecture de la décision de renvoi ou de traduction directe sans que le prévenu soit forclos, mieux, sans qu'il soit hors délai.

Pour répondre au mémoire unique déposé par la défense, l'accusation peut solliciter une courte remise en vue de formuler des observations. Il serait incommode à la défense de s'opposer à une telle sollicitation motivée par le souci d'une bonne administration de la justice.

Cependant, lorsqu'une partie soulève une exception ou des exceptions au cours des débats, la juridiction joindra au fond lesdites exceptions pour rendre un seul jugement motivé qui répondra à ces exceptions.[209]

En ce qui concerne l'incident relatif au déport, il sied de souligner qu'en droit militaire congolais, la loi prévoit la possibilité pour un juge de se déporter pour une raison autre que celles énumérées limitativement par la Loi organique n° 13/011-B du 11 avril 2013 portant organisation, fonctionnement et compétence des juridictions de l'ordre judiciaire dans son article 49.[210]

Tout en reconnaissant aux parties la possibilité d'attaquer les décisions rendues sur incidents, l'article 248 du Code Judiciaire Militaire permet néanmoins la poursuite de l'instance sans désemparer. Les décisions ne peuvent être attaquées qu'au même moment que le jugement au fond et les déclarations relatives aux voies de recours dirigées contre elles seront jointes par la juridiction à la procédure sous examen. En d'autres termes, la juridiction ne peut surseoir à statuer sur l'action publique qui lui est soumise au motif qu'elle doit attendre l'issu du recours dirigé contre un jugement avant dire droit ou un jugement sur incident qu'elle aurait rendu.

---

[209] Article 247 du CJM.

[210] Un juge militaire peut estimer qu'il y a convenance pour lui de se déporter parce que le prévenu avait aidé un de ses parents dans une affaire délicate ou qu'il est son voisin de quartier même s'il n'existe pas entre eux des liens d'amitié.

Le droit procédural militaire oblige la juridiction qui s'est prononcée par la décision avant dire droit attaquée en appel de poursuivre sans désemparer l'examen de la cause c'est-à-dire il n'y aura pas d'effet suspensif de l'appel tant que la décision sur le fond n'aura pas été rendue.

Que ce soit en cas d'appel contre un jugement interlocutoire, un jugement rejetant la récusation ou même un jugement déclarant une saisine irrégulière, la juridiction ayant rendu la décision attaquée poursuivra sans désemparer l'examen de la cause.

Contrairement à la procédure ordinaire, la juridiction militaire d'appel ne pourra pas examiner le recours avec la possibilité d'évoquer. Elle ne recevra l'appel contre la décision avant dire droit au même moment avec le jugement rendu au fond.

Le législateur du CJM a prévu la possibilité d'attaquer les décisions rendues sur incidents en permettant néanmoins à l'instance de se poursuivre sans désemparer dans le souci d'éviter des procédures dilatoires susceptibles de nuire à la célérité et à l'efficacité de l'action des juridictions militaires.

Cependant, lorsque l'exception soulevée est relative à l'inconstitutionnalité de la procédure ou du texte de droit appliqué devant une juridiction militaire, cette dernière doit surseoir à l'examen de la dite cause, saisir la Cour Constitutionnelle[211] et attendre que cette dernière statue à propos conformément aux dispositions de l'article 162 de la Constitution ainsi que les articles 76 alinéa 4[212] et 83 alinéa 3[213] du Code judiciaire militaire. Il s'agit là de la question préjudicielle, comme l'affirme le Conseiller MUGANZA MUYUMBA, étant donné que le juge

---

[211] Installée en date du 04 avril 2015.

[212] Les juridictions militaires sont incompétentes pour statuer sur la constitutionnalité des lois et des actes ayant force de loi. Les exceptions soulevées à cet effet sont portées devant la Cour Constitutionnelle, toutes affaires cessantes.

[213] Toutefois, les recours pour violation des dispositions constitutionnelles par la HCM sont portés devant la Cour Constitutionnelle.

ordinaire est obligé de renvoyer la question de constitutionnalité au juge constitutionnel.

De même, les arrêts et jugements rendus par les juridictions militaires y compris ceux de la Haute Cour Militaire sont, tous, soumis au contrôle de la Cour de Cassation au nom de l'unicité de cassation de l'ordre judiciaire consacrée par le constituant.

Que dire alors de l'incident contentieux ?

Il est à constater que le Code Judiciaire Militaire donne le pouvoir au Ministère public, partie au procès, de procéder à l'interprétation d'une décision juridictionnelle au lieu de reconnaitre cette prérogative à la seule juridiction qui a rendu la décision à interpréter.

Que dire de la connexité ?

Section IV : De la connexité.

La connexité suppose un lien objectif entre les demandes laissant craindre le danger d'aboutir à des solutions divergentes, si ces demandes ne sont pas jointes pour être jugées ensemble par une même juridiction.

La connexité est dite interne, lorsqu'elle est faite au sein d'un même tribunal, par contre elle est dite externe lorsque les affaires sont fixées dans deux ou plusieurs juridictions différentes de même rang ou pas.

Il y a la connexité en procédure pénale ordinaire et militaire.

Paragraphe I : De la connexité en procédure pénale ordinaire.

L'article 145 de la Loi organique n° 13/011 du 11 avril 2013 portant organisation, fonctionnement et compétences des juridictions de l'ordre judiciaire donne la solution suivante en disposant que : « *En cas de litispendance, les causes pendantes devant les juridictions différentes sont renvoyées par l'une d'elles à l'autre selon les règles et dans l'ordre ci-après : 1. La juridiction saisie au degré d'appel est préférée à la juridiction saisie au premier ressort ; 2. La juridiction qui a rendu sur l'affaire une disposition autre qu'une disposition d'ordre intérieur est préférée aux autres juridictions ; 3. La juridiction saisie la première est préférée aux juridictions* » et l'article 146 alinéa 2 de la même Loi d'ajouter : « *Lorsque les demandes pendantes devant les juridictions de même rang sont connexes, elles peuvent, à la demande de l'une des parties, être renvoyées à celles de ces juridictions qui a déjà rendu une décision autre qu'une disposition d'ordre intérieur, sinon, à la juridiction saisie la première* ».

Il y a la connexité en procédure pénale militaire.

Paragraphe II : De la connexité en procédure pénale militaire.

Les règles de compétence sont clairement définies, comme le règlement des conflits positifs ou négatifs de compétences des juridictions militaires entre elles, et avec les juridictions de droit commun.

Lorsque deux juridictions militaires se trouvent en conflit pour avoir été simultanément saisies de la même infraction ou d'infractions connexes, c'est la Haute Cour Militaire qui est compétente pour régler ce conflit à la requête de l'Auditeur Général des Forces Armées en désignant la juridiction compétente.[214]

En temps de guerre, lorsque le conflit oppose une juridiction militaire et une juridiction de droit commun qui se trouvent simultanément saisies de la même infraction ou d'infractions connexes, la HCM est également compétente. Dans ce cas, elle est saisie sur requête soit de toutes les parties à la cause soit par le Ministère public près l'une des juridictions saisies.[215]

Elle désigne souverainement par une ordonnance la juridiction qui connaitra la cause. Par contre, en temps de paix, lorsqu'une juridiction militaire et une juridiction de droit commun

---

[214] Article 30 du CJM.
[215] Article 338 CJM.

se trouvent simultanément saisies de la même infraction ou d'infraction connexes, l'objet d'un règlement de juges est de la compétence de la Cour de cassation laquelle est saisie à la requête du Procureur Général. C'est ainsi que Maître Franck MULENDA LUETETE DJALO affirme que c'est à tort que les juridictions militaires exigent le dépôt des mémoires uniques devant la juridiction dont la compétence est contestée au profit d'une juridiction de droit.[216] Que dire sur la récusation ?

Section V : De la récusation

Selon le professeur KALONGO MBANGA, si les pouvoirs exécutifs et législatifs puisent leur légitimité dans les élections, il n'en est pas ainsi du pouvoir judiciaire dont la légitimité est tirée de la confiance que les justiciables ont vis-à-vis de leurs magistrats. Et lorsque ces justiciables perdent toute confiance en leurs magistrats, il s'en suit une crise de confiance qui donne ouverture aux procédures de récusation et de suspicion légitime.

Il est vrai certes, que les magistrats jouissent de la présomption d'indépendance et d'impartialité, mais une présomption simple pouvant être renversée à tout moment par le justiciable qui a des raisons sérieuses de craindre l'impartialité et l'indépendance du juge appelé à connaître de sa cause.[217]

La récusation est le droit accordé à une partie de refuser d'être jugée par certains magistrats de la juridiction qui est saisie de la cause. Elle constitue un incident qui intervient au cours d'un litige et à l'occasion duquel il est allégué qu'il existe des doutes quant à l'aptitude du juge à statuer de manière objective et impartiale sur le litige dont il est saisi.

Les magistrats sont donc obligés d'observer l'impartialité et la neutralité dans l'examen des causes portées à leur connaissance autrement, ils vont s'embarquer sur les pistes sentimentales susceptibles de les conduire à des décisions arbitraires, iniques etc.. Bref, les décisions suscitant méfiance dans le chef des

---

[216] MULENDA Luetete Djalo F, *Op.cit*, p.6.

[217] BETU NZUJI Achille, *La récusation et suspicion légitime en droit congolais : Garantie d'une justice équitable*, Médiaspaul, Kin, 2013, p.7.

justiciables enclins à se débarrasser d'eux au profit des structures informelles, mieux vengeance privée.

La récusation, loin d'être un manque de respect aux magistrats demeure un remède indispensable prévu par la loi pour une justice équitable et pour décourager certaines pratiques dites « *non conventionnelles* » et qui sont de nature à ternir l'image de la justice. L'impartialité est une recommandation faite aux magistrats par les écritures saintes dans le livre de Deutéronome au chapitre 1er 17é verset qui déclare : « *Tu n'auras pas de partialité* ». Les magistrats doivent savoir qu'au-delà des lois humaines, ils sont sous la loi divine et qu'en conséquence, ils répondront également de leurs actes devant le lion de la tribu de Juda.

Il y a la récusation en procédure pénale ordinaire et en procédure militaire.

Paragraphe I : De la récusation en procédure pénale ordinaire.

La doctrine définit la récusation comme une procédure par laquelle le plaideur demande qu'un magistrat s'abstienne de siéger parce qu'il a des raisons de suspecter sa partialité à son égard. Elle peut entraîner le renvoi de l'affaire devant une juridiction. La récusation a pour effet d'écarter un juge dans l'instruction ou le jugement d'une affaire déterminée.

Ainsi, la récusation s'entend de toute action introduite par une des parties au procès dont les intérêts sont en péril et visant à obtenir l'éviction du siège de tout magistrat ou de tout autre membre à l'endroit duquel le requérant ne reconnait point l'impartialité. Le membre du siège en position inconfortable, peut par élégance se résoudre de quitter lui-même la composition : on parle alors du déport qui permet de prévenir un conflit entre le devoir de juger et celui de sauvegarder son impartialité.

La loi organique n° 13/011-B du 11 avril 2013 portant organisation, fonctionnement et compétences des juridictions de l'ordre judiciaire consacre 11 articles (49 à 59) relatifs à la récusation.

Article 49 de la loi organique dispose : « *Tout juge peut être récusé pour l'une des causes limitativement énumérées ci-après : 1. Si lui ou son conjoint a un intérêt personnel quelconque dans l'affaire ; 2. Si lui ou son conjoint est parent ou allié en ligne directe, soit en ligne collatérale jusqu'au troisième degré inclusivement de l'une des parties, de son avocat ou de son mandataire ; 3. S'il existe une amitié entre lui et l'une des parties ; 4. S'il existe des liens de dépendance étroite à titre de domestique, de serviteur ou d'employé entre lui et l'une des parties ; 5. S'il existe une amitié entre lui et l'une des parties ; 6. S'il a déjà donné son avis dans l'affaire ; 7. S'il est déjà intervenu dans l'affaire en qualité de juge, de témoin, d'interprète, d'expert, d'agent de l'administration, d'avocat ou de défenseur judiciaire 8. S'il est déjà intervenu dans l'affaire en qualité d'officier de police judiciaire ou d'Officier du Ministère Public* ».

Que dire de la récusation en procédure pénale militaire ?

Paragraphe II : De la récusation en procédure pénale militaire.

Le Code Judiciaire Militaire qui s'appuie sur les dispositions de la loi organique n° 13/011-B du 11 avril 2013 précitée prévoit en outre la possibilité pour le juge militaire de s'écarter de la composition « *pour un motif non prévu par la loi* », mais qui relève de sa convenance personnelle et ce, après en avoir fait déclaration au Président de la juridiction qui en décide, après avis du ministère public pour éviter toute complaisance, ou crainte dans le déport du juge.

La Loi n° 023/2002 du 18 novembre 2002 portant Code Judiciaire Militaire apporte une innovation non moins négligeable dans la composition des juridictions militaires. Au regard de la particularité de la procédure pénale militaire, l'on ne peut s'empêcher d'évoquer la procédure applicable en cas de récusation d'un magistrat militaire assis.

Dans sa spécificité, la loi militaire surpasse le cadre légal ordinaire dans deux hypothèses. D'une part la possibilité pour un juge militaire de se déporter pour un motif non prévu par loi, mais qui relève de sa convenance personnelle[218] et d'autre part, « *Ils (le Président et les juges assesseurs) ont le devoir de ne pas manifester leur opinion au cours de débats* ».

Dans la première hypothèse aucun problème ne se pose, car le déport n'est possible que si le juge en fait la déclaration au Président de la Cour ou du Tribunal Militaire qui en décide, après avis du Ministère public. Point n'est besoin de rappeler qu'il s'agit ici d'une évolution positive du législateur qui prévient toute décision de complaisance inspirée par la crainte de l'opinion publique. Par contre dans la seconde hypothèse, la loi reste muette sur la procédure à observer, alors que cet incident déroge à la procédure de droit commun.

Une jurisprudence récente voudrait qu'un membre du siège militaire, récusé pour avoir manifesté une opinion, au cours des débats, soit, après suspension immédiate de l'audience, remplacé à une audience ultérieure par son suppléant sans aucune formalité particulière.[219]

En avril 1995 à Goma, le juge permanant fut récusé par l'Officier du Ministère public, dans ses réquisitions pour avoir manifesté une opinion en faveur de l'un des prévenus déférés devant la juridiction dont il était membre. Le juge incriminé ayant fait défection en plein déroulement des débats, la réaction de l'O.M.P audiencier aboutit à une procédure *sui generis*, drôlement rapprochée de celle de conseil de discipline.

Quant aux motifs de la récusation des juges, l'article 41 du Statut de Rome énonce une formule heureuse en ce terme : « *Un juge ne peut participer au règlement d'aucune affaire dans laquelle son impartialité pourrait raisonnablement être mise en doute pour un motif quelconque* » au lieu de citer d'une manière limitative les motifs de récusation.

Je parle de l'instruction à l'audience au point suivant.

---

218 Article 69 du CJM.

219 Conseil de guerre de Garnison, Kis, 8 juillet 1988, jugement ADD, inédit in MUTATA LUABA L : *Op.Cit*, p. 18.

Section VI : De l'instruction à l'audience.

Pendant l'instruction des affaires devant les juridictions de droit commun comme devant les juridictions militaires, on peut relever un certain nombre de spécificités notamment le pouvoir de poser des questions aux parties, les dispositions relatives au délit d'audience ainsi que la citation des témoins.

Il est question de l'instruction en procédure ordinaire et militaire.

Paragraphe I : De l'instruction en procédure pénale ordinaire.

En procédure pénale ordinaire, le Ministère Public et les autres parties au procès posent des questions par le truchement du Tribunal ou de la Cour. C'est-à-dire le Ministère Public audiencier ainsi que les autres parties, lors de l'instruction, ne posent pas directement des questions aux autres parties contrairement en procédure judiciaire militaire où l'Officier du Ministère Public, conformément aux dispositions de l'article 250 du CJM, pose des questions directement aux parties. C'est le lieu de rappeler au législateur congolais les instruments juridiques internationaux[220] qui consacrent le droit de la défense reconnu à toutes les parties au procès le droit d'interroger ou contre-interroger directement les autres parties et les témoins.

En ce qui concerne le délit d'audience c'est-à-dire les infractions commises pendant l'instruction, il sied de préciser que lorsqu'une infraction militaire se commet à l'audience d'une juridiction de droit commun, celle-ci ne peut s'en saisir d'office et ne peut point connaître du dossier puisqu'elle est incompétente matériellement. Par contre, conformément aux dispositions de l'article 118 du CJM, lorsqu'un justiciable des juridictions militaires commet une infraction de droit commun à l'audience d'une juridiction de droit commun siégeant en matière répressive,

---

[220] L'article 14.3-e du Pacte International relatif aux Droits Civils et Politiques.

il peut, soit être jugé par celle-ci séance tenante ou soit être renvoyé devant l'Auditeur militaire compétent.[221]

Il sied de souligner que le législateur, en matière de procédure pénale, n'a pas fixé la durée de l'instruction d'une affaire sauf en 2006, en matière de violences sexuelles que le législateur est intervenu en affirmant que l'instruction et le prononcé du jugement se font dans un délai de trois mois maximums à partir de la saisine de l'autorité judiciaire.[222]

J'évoque l'instruction en procédure pénale militaire au point suivant.

Paragraphe II : De l'instruction en procédure pénale militaire.

En procédure judiciaire militaire, contrairement à la procédure judiciaire ordinaire, le Ministère Public peut poser directement des questions aux accusés et aux témoins conformément aux dispositions de l'article 250 alinéa 4 du CJM.[223]

C'est le lieu de s'interroger sur l'opportunité de maintenir le système qui consiste pour les parties à poser des questions par le truchement du Président de la chambre étant donné que les instruments juridiques internationaux [224] rappellent systématiquement l'importance, pour les parties au procès de pouvoir interroger ou contre-interroger les autres parties notamment les témoins. Il est en effet essentiel que les questions

---

[221] La juridiction ordinaire peut juger sans désemparer, et dans les limites du droit commun, après l'avoir toutefois pourvue d'un défenseur d'office, lorsqu'elle n'en aura pas choisi, la personne justiciable de la juridiction militaire ayant commis une infraction aux lois ordinaires à l'audience de la juridiction civile, ou la renvoyer devant l'Auditeur Militaire compétent.
[222] Article 7 bis de la Loi n° 06/019 du 20/07/2007 modifiant et complétant le Décret du 06/08/1959 portant Code de Procédure Pénale congolais.
[223] Le Ministère Public peut poser directement des questions aux accusés et témoins.
[224] L'article 3°-e du Pacte International relatif aux Droits Civils et Politiques.

posées ne puissent pas être reformulées par le Président. L'égalité des armes entre les parties ne saurait permettre à l'accusation de poser directement ses questions alors que les autres parties se verraient priver de ce droit. L'article 14 3° e du PIDCP dispose : « *Toute personne accusée d'une infraction pénale a droit d'interroger ou de faire interroger les témoins à charge et à obtenir la comparution et l'interrogatoire des témoins à décharge dans les mêmes conditions que les témoins à charge* ».

En ce qui concerne le délit d'audience, il sied de souligner que lorsqu'une infraction de droit commun se commet dans la salle d'audience d'une juridiction militaire par un justiciable dont le privilège est garanti par la Constitution, la procédure de délit d'audience ne sera pas appliquée. Cependant, lorsqu'une infraction de droit commun se commet à l'audience d'une juridiction militaire par les autres justiciables, la juridiction militaire peut, sur base des articles 133 et 134 de l'Ordonnance-Loi n° 78/027 du 16 septembre 1978 et 79/003 du 3 janvier 1979 relatives à la justice militaire[225], s'en saisir d'office et de juger sans désemparer ou les renvoyer devant le Procureur de la République. Il va s'en dire que lorsque l'infraction commise est militaire, la juridiction militaire peut s'en saisir d'office et juger immédiatement le délinquant ou renvoyer le dossier devant le Ministère Public Militaire car la compétence matérielle des infractions d'ordre militaire lui appartient exclusivement.[226]

Il sied de souligner que le Code Judiciaire Militaire a doté le juge militaire d'un pouvoir exorbitant, dont ne dispose son collègue de droit commun, celui d'appeler toute personne dont il estime l'audition utile à la manifestation de la vérité par voie de mandat de comparution ou d'amener.[227]

Conformément aux dispositions de l'article 224 du CJM, en temps de guerre, sous l'état de siège ou d'urgence ou à l'occasion d'une opération tendant au maintien ou au rétablissement de

---

[225] Ce Code a été abrogé par la Loi n° 023/2002 du 18 novembre 2002 portant Code Judiciaire Militaire.
[226] KILALA Pene-AMUNA G, *Op.Cit*, Tome II p. 662.
[227] Article 240 du CJM.

l'ordre public, le prévenu a le droit de faire entendre à sa décharge tout témoin et cela sans formalité ni assignation préalable, avant l'ouverture de l'audience, sous réserve de l'exercice du pouvoir discrétionnaire du Président. Aussi, l'échange des listes des témoins entre l'accusation et la défense est l'une des particularités de la procédure pénale militaire par rapport à la procédure pénale ordinaire.

Que dire du délibéré ?

Section VII : Du délibéré.

Après l'instruction de l'affaire, lorsque le tribunal estime sa religion suffisamment éclairée, il déclare clos le débat et prend l'affaire en délibéré pour rendre sa décision. Toutefois, l'article 80 du CPP ne fait pas obstacle à ce que le juge ordonne la réouverture des débats après qu'il ait prononcé la clôture des débats pour le complément d'instruction notamment lorsqu'il se rend compte, au cours de délibéré, qu'il y a encore de zones d'ombre dans les faits ou en droit ou lorsque les parties (justiciables) ou le Ministère public veuillent ajouter des nouveaux moyens de preuve qui sont susceptibles d'influer sur le cours du délibéré ou qui sont de nature à éclairer suffisamment la religion du tribunal. Dans ce cas le tribunal procédera à la réouverture des débats en prenant un Jugement avant dire.

Je parle du délibéré en procédure pénale ordinaire et militaire.

Paragraphe I : Du délibéré en procédure pénale ordinaire.

Pour Antoine RUBBENS, délibérer veut dire réfléchir à plusieurs ou confronter des opinions pour aboutir à une décision commune. La délibération est donc une activité essentiellement collégiale.[228]

Le délibéré est une phase de la procédure pendant laquelle les juges se concertent, échangent, confrontent leurs opinions et

---

[228] RUBBENS Antoine, *Op.Cit*, p. 155.

examinent les différents moyens développés à l'audience ou dans les notes de plaidoirie et le réquisitoire du Ministère Public dont notamment la compétence de la juridiction, la comparution des parties et la saisine, les exceptions et incidents, la recevabilité, les questions préalables ou préjudicielles, les prescriptions de l'action publique, la qualification des faits, les textes de la loi applicable, le cumul éventuel, les circonstances atténuantes, les dommages intérêts, les destinations des objets saisis, s'il y a lieu, les modes d'exécution des peines : le sursis, l'arrestation immédiate, les imputations des frais judiciaires etc… pour aboutir à une décision définitive.

L'article 37 de l'Arrêté d'organisation judiciaire n° 299/79 du 20 août 1979 portant Règlement intérieur des Cours, Tribunaux et Parquets se limite à affirmer que le délibéré en siège collégial porte à la fois sur les motifs et les dispositifs de l'arrêt ou jugement.

En procédure pénale ordinaire, le délibéré est secret. Les juges sont tenus au secret professionnel tant au sujet de leur opinion personnelle que des opinions émises par les autres membres de la composition.

Lors du délibéré, c'est le juge le moins ancien du rang le moins élevé qui donne son avis le premier et le Président donne son avis le dernier. Cette règle a été prévue pour éviter que le juge le moins expérimenté adopte, par révérence à son aine, l'opinion que celui-ci donne. Toutefois, l'article 37 alinéa 3 de l'Arrêté précité déclare que le Président est tenu de résumer l'affaire aux autres juges et de rappeler les textes de lois applicables, avant l'examen des motifs et du dispositif.

Les décisions sont prises à la majorité des voix. Toutefois, s'il se forme plus de deux opinions dans le délibéré, le juge qui a émis l'opinion la moins favorable au prévenu est tenu de se rallier à l'une des deux autres opinions.[229]

Conformément aux dispositions de l'article 82 du CPP, si le prévenu n'est pas condamné, les frais non frustratoires exposés

---

[229] LUZOLO BAMBI LESSA E, *Op.Cit*, p 104.

par lui sont mis à la charge du trésor public. Les frais avancés par celui-ci restant à charge. Toutefois, si l'action publique a été mue par voie de citation directe, la partie civile sera condamnée à tous les frais.

Si la partie civile s'est constituée après la saisine de la juridiction du jugement, elle sera condamnée à la moitié de frais. Par contre la partie civile qui se sera désistée dans le 24 heures soit de la citation directe soit de sa constitution, ne sera pas tenue des frais postérieurs au désistement, sans préjudice des dommages-intérêts au prévenu s'il y a lieu.

Si le Ministère public seul est en appel et que le jugement du premier degré est confirmé, les frais de l'appel ne sont pas à la charge du prévenu.[230]

En cas de réduction de la peine suite à l'appel du prévenu condamné, la juridiction d'appel peut, en vertu de l'article 108 alinéa 2 du CPP, décharger le prévenu de l'entièreté de frais d'appel[231] et s'il y a une partie civilement responsable en cause, celle-ci supporte dans l'un et l'autre cas la totalité des frais d'appel selon les distinctions établies par l'article 82 alinéa 2 du CPP.

Que dire du délibéré en procédure pénale militaire ?

Paragraphe II : Du délibéré en procédure pénale militaire.

Conformément à l'article 254 du CJM, lorsque le Président déclare clos les débats, la composition se retire pour délibérer. Cela veut dire qu'en procédure pénale militaire, la formule de « *prise en délibéré pour un jugement à intervenir dans le délai de la loi* » n'existe pas. La décision du tribunal devant être connue immédiatement après les débats et le retrait de la composition.[232]

Il se dégage la difficulté de choisir le moment de déclarer la clôture des débats dans l'interprétation stricte de l'article précité.

---

230 Article 108 du CPP.

231 C.S.J, 18 juin 1971, RJZ, 1971, p. 125.

232 LUZOLO BAMBI LESSA E, *Op.Cit*, p.641.

En effet, si l'on s'en tient rigoureusement à ce que dit la loi, la clôture des débats doit être immédiatement suivie du délibéré.

C'est d'ailleurs ce qu'affirme l'article 259 du CJM en affirmant que le Président fait retirer le prévenu de la salle d'audience et les membres de la composition se rendent dans la salle des délibérations. Ce qui amène le magistrat Jonathan MAYIZA KALA à affirmer qu'après la clôture des débats par le juge militaire, le délibéré doit intervenir immédiatement[233]et le magistrat KILIMPIPI d'affirmer que l'interprétation de l'article 259 la plus authentique qu'il faut donner à cette disposition est que la décision doit être rendue sur le banc.[234]

Pendant ce temps les juges ne peuvent plus communiquer avec l'extérieur ni se séparer avant que le jugement ait été rendu. Le législateur a voulu éviter toute intervention extérieure susceptible d'influencer la décision des membres de la juridiction.

C'est donc dans ce souci qu'il a prévu qu'une fois les débats clos, les juges se retirent immédiatement pour délibérer.

Le Président ne peut déclarer la clôture des débats que si les juges auront la possibilité de se retirer immédiatement pour le délibéré. Sinon il devra renvoyer l'affaire en prosécution à une audience ultérieure et prononcer à celle-ci la clôture des débats.[235]

Concrètement cela signifie que si par exemple l'examen d'une cause se termine tard et que les juges qui sont fatigués ne peuvent pas délibérer, le Président doit s'abstenir de déclarer la clôture des débats, sinon le délibéré devra avoir lieu. Il faut qu'il renvoie l'affaire à une audience et qu'à celle-ci il déclare les débats clos permettant ainsi aux juges de se retirer pour délibérer.

Comme d'ailleurs en procédure pénale ordinaire, le délibéré se déroule en secret c'est-à-dire hors la présence des parties, du greffier voire des juges assesseurs suppléants. Seuls les membres

---

233 MAYIZA KALA J, *Op.Cit*, p.401.

234 KILIMPIMPI mwa KILIMPIMPI Rémy Ruphin et MUKENDI TSHINDA MANGA Freddy, *Op.Cit*, p.22.

235 MUKENDI TSHIDJA-MANGA Freddy, *Op.Cit*, p. 171.

de la composition qui ont assisté à toutes les audiences prennent part au délibéré.[236]

Pendant le délibéré, en procédure pénale militaire, il y a deux étapes. D'abord l'échange ou la confrontation des opinions ainsi que l'examen des moyens soutenus par les différentes parties au procès notamment les préalables ou exceptions soulevées par elles.

En suite le vote qui se fait par scrutins successifs au moyen des bulletins écrits sur les différentes questions portant notamment sur l'existence de l'infraction mise en charge du prévenu ou des prévenus, leur culpabilité, les peines à prononcer et éventuellement la responsabilité civile.[237] En cas de culpabilité déclarée par la juridiction, les juges procèdent au vote sur la peine à appliquer pour chaque prévenu, en tenant compte s'il y a lieu, des circonstances atténuantes. Après le vote sur la peine principale, les juges délibèrent également sur les peines complémentaires.

Lorsque des circonstances atténuantes ont été retenues, le Président peut également poser la question subsidiaire de l'octroi du sursis s'il y a lieu. Dans ce cas la juridiction en détermine la durée.

Les juges s'expriment au moyen de bulletins fermés, marqués du timbre de la juridiction militaire et portant l'un des mots : Oui ou Non, qu'ils déposent dans une urne.[238]

C'est le résultat obtenu à la suite du dépouillement après chaque scrutin qui constitue la réponse de la juridiction à chaque question posée.

A cet effet, les membres de la juridiction déposent dans l'urne un bulletin fermé sur lequel ils écrivent le taux de la peine qu'ils proposent.

---

236 Article 259 alinéa 2 du CJM.
237 Article 260 du CJM
238 Article 260 alinéa 2 CJM.

Les décisions sont prises à la majorité des voix sans qu'il soit nécessaire de donner le nombre de voix. Si une majorité ne se dégage pas au premier tour, on procède à un second. Et si la même situation persiste, un troisième se déroule après que la peine la plus forte proposée au tour précèdent soit écartée et ainsi de suite jusqu'à ce qu'une peine soit retenue à la majorité des votants.[239] A moins d'une unanimité des votes, personne ne peut connaitre la réponse donnée par chaque juge.

Il est nécessaire d'insister sur le respect des formalités prévues aux articles 260 à 264 du CJM relatifs au déroulement du vote lors du délibéré, à défaut duquel les décisions rendues sont susceptibles de cassation.[240]

En ce qui concerne l'action civile, les juges doivent également se prononcer par vote exprimé au moyen des bulletins dans les mêmes conditions que pour l'action publique.

Ensuite les juges délibèrent sur la nature et le taux de la réparation au bénéfice de la partie civile. Les membres de la composition délibèrent également sur l'imputation des frais et la destination des objets saisis ainsi que l'éventualité de la destruction des objets saisis à savoir des pièces à conviction : Les pièces attaquées en faux, la drogue, le chanvre à fumer, des stupéfiants ou d'autres substances narcotiques.

Il se pose le problème des dommages-intérêts alloués d'office. D'aucuns soutiennent que la juridiction militaire ne peut pas allouer d'office des dommages-intérêts. La partie lésée est obligée de se constituer partie civile si elle veut voir ses prétentions prises en compte par les juges. C'est le cas du magistrat KILIMPIPI qui affirme que : « *Les juridictions militaires n'appliquent pas l'article 108 de la Loi et les parties doivent, impérativement se constituer parties civiles* »[241]

---

[239] Article 262 du CJM.

[240] Article 264 du CJM in fine.

[241] KILIMPIMPI mwa KILIMPIMPI Rémy Ruphin et MUKENDI TSHINDA MANGA Freddy, *Op.Cit,* 2006 p. 22.

Pour le colonel MUKENDI TSHIDJA-MANGA Freddy, c'est une interprétation erronée des articles 77 et 226 du Code de Justice Militaire. Ces deux articles ne prévoient que la possibilité pour la partie lésée d'introduire une action civile devant la juridiction militaire mais nulle part il n'est formellement interdit à celle-ci d'allouer d'office des dommages-intérêts s'il n'y a pas eu constitution de partie civile. D'ailleurs, l'article 2 du Code de Justice Militaire dispose qu'à moins d'une disposition contraire, la Loi organique n° 13/011-B du 11 avril 2013 portant organisation, fonctionnement et compétences des juridictions de l'ordre judiciaire de droit commun est applicable aux cours et tribunaux militaire alors que la disposition qui interdirait l'allocation d'office n'existe pas.

L'article 108 de la Loi organique n° 13/011-B du 11 avril 2013 portant organisation, fonctionnement et compétences des juridictions de l'ordre judiciaire s'applique valablement devant les juridictions militaires. Ainsi, est donc non fondée l'hésitation qu'on observe dans les juridictions militaires pour l'allocation d'office des dommages-intérêts aux victimes qui ne se sont pas constituées parties civiles.

Même si le Code de Procédure Pénale militaire est muet en ce qui concerne les frais à charge de la partie civile en cas d'acquittement du prévenu, la Haute Cour Militaire, par sa décision de principe, sous R.P 001/2004 d'octobre 2004, a fait une interprétation en déboutant simplement la partie civile de son action en la déclarant non fondée sans se prononcer d'une quelconque condamnation aux frais.

Il convient d'évoquer le prononcé des décisions.

Section VIII : Du prononcé des décisions.

Il y a le prononcé des décisions en procédure pénale ordinaire et militaire.

Paragraphe I : Du prononcé des décisions en procédure pénale ordinaire.

L'article 80 du CPP dispose que les jugements sont prononcés au plus tard dans les huit jours qui suivent la clôture des débats. Aussi, l'article 38 de l'Arrêté d'organisation judiciaire n° 299/79 du 20 août 1979 portant Règlement intérieur des cours, tribunaux et parquets réaffirme le délai de huit jours pour le prononcé en ces termes : « *La chambre qui prend une cause en délibéré est tenue d'en indiquer la date du prononcé. Celui-ci devra intervenir, au plus tard, dans les huit jours en matière répressive.* »

Dans la pratique, affirme le magistrat NKONGOLO TSHILENGU, ce délai est difficilement respecté. Malheureusement cette disposition ne prévoit aucune sanction manifeste en cas de violation et le prononcé des jugements des dossiers pris en délibéré en matière répressive intervient largement au-delà de huit jours.

Selon KILALA Pene AMUNA, dans le rapport du Conseil de législation, au bas de l'article 80 se trouve une phrase d'un membre du Conseil qui affirme qu' : «*Il s'agit d'un vœu utile, mais pas toujours réalisable et sans sanction*».[242]

Professeur BAYONA ba MEYA, quant à lui, pense que la pratique judiciaire courante pour le tribunal de se prononcer au-delà du délai de huit jours n'a pas raison de violer un texte légal en se basant uniquement sur l'opinion d'un membre du conseil de législation.

En vue de sauvegarder les droits de la défense en ce qui concerne le délai de prononcé, je partage l'avis du confrère Robert YANDA MUSHALA qui propose que le législateur puisse

---

[242] Codes et lois du Congo belge, Tome II, p. 53.

prévoir une sanction disciplinaire d'une quelconque violation[243] étant donné que c'est le législateur lui-même qui a déterminé le délai de 8 jours pour le prononcé de la décision d'une affaire prise en délibéré après la clôture des débats.

Toutefois, l'alinéa 2 de l'Arrêté précité affirme que le (Premier) Président de la Cour ou du tribunal peut, à la demande de la chambre saisie, et si les éléments de la cause le justifient ou en cas de force majeure dûment prouvée, prolonger ce délai par une ordonnance motivée, laquelle est aussitôt signifiée aux parties.

Certains juges, après la clôture des débats, se limitent à dire que « *L'affaire est prise en délibéré et le jugement sera prononcé ultérieurement ou à une date ultérieure* ».[244] Mais rien n'interdit que le tribunal délibère et se prononce sur le banc.[245] Même si le huis-clos avait été décidé lors d'instruction, le prononcé du jugement ou de l'arrêt doit se faire en audience publique.

La Cour Suprême de Justice a, par sa décision de principe, décidé que lorsque le prononcé du jugement est intervenu en dehors du délai et à l'insu du prévenu, le juge d'appel est autorisé de relever l'appelant de la déchéance encourue pour tardiveté vu l'impossibilité qu'il avait d'exercer son recours dans le délai légal requis. Ne l'ayant pas fait, le juge d'appel a violé le prescrit de l'article 80 du CPP en déclarant l'appel tardif. Ce moyen entraine cassation totale.[246]

Que dire du prononcé des décisions en procédure pénale militaire ?

---

[243] YANDA MUSHALA R, *Op.Cit*, p.p 63-64.
[244] R.P.P, 55 C.S.J in NKONGOLO TSHILENGU M, *Op.Cit,* p. 108.
[245] NKONGOLO TSHILENGU M, *Op.Cit,* p.107.
[246] CSJ, RP 289 du 30/10/1979 en cause Kalala Ilebo Belura C/ M.P et Kanyinda Wa Kanyinda in YANDA Mushala R, *Op.Cit*, p. 64.

Paragraphe II : Du prononcé des décisions en procédure pénale militaire.

Contrairement à ce qui est prévu en procédure pénale ordinaire, aucun délai n'est fixé pour le prononcé des jugements ou arrêts dans le CJM.

Le prononcé des décisions devant les juridictions militaires se fait selon un rituel particulier, empreint d'une solennité encore plus spectaculaire que lors des autres phases de l'instance.

Après avoir déclaré l'audience reprise, puisqu'elle avait été suspendue pour le délibéré, le Président rappelle le prévenu à la barre. Il fait présenter les armes et c'est alors qu'il procède à la lecture du jugement ou arrêt en donnant les réponses aux questions sur lesquelles a porté le vote lors du délibéré.

Si le prévenu est acquitté ou absous, la juridiction ordonne qu'il soit conduit par la force publique à l'autorité militaire de qui il dépend.[247]

Toutefois, lorsqu'une juridiction prononce une peine inférieure au minimum légal prévu, elle doit indiquer les circonstances atténuantes qu'elle retient.

Les deux alinéas qui constituent l'article 266 du Code de Justice Militaire semblent contradictoires. Dans la mesure où il est stipulé que le prévenu acquitté ou absous doit être libéré *illico presto* et en même temps on prescrit à la juridiction de le faire conduire par la force publique à l'autorité de qui il dépend. Cela parait difficilement concevable lorsqu'on sait qu'un militaire peut être jugé par une juridiction qui siège loin de l'unité qui l'administre.

Dans certaines circonstances, cela peut se justifier lorsqu'un militaire poursuivi pour meurtre est acquitté suite d'une cause de justification dont notamment la légitime défense. Il peut se révéler nécessaire de le retourner à son unité sous escorte pour le soustraire à la vindicte populaire.

---

[247] Article 266 du CJM.

Après le prononcé, le Président de la chambre qui a rendu la décision doit avertir le condamné qu'il a le droit de former un recours en précisant le délai. Aussi, en cas d'octroi du sursis, le Président doit également avertir le condamné qu'en cas de nouvelle condamnation dans les conditions prévues par l'article 21 du Code de Justice Militaire.

Aussi, l'acquittement met fin à l'action publique. Le prévenu qui est en détention doit être remis en liberté immédiatement nonobstant l'appel du Ministère public, surtout que le réquisitoire d'acquittement au premier degré par l'Auditeur Militaire près la juridiction compétente ne peut être remis en cause par le Ministère Public au degré d'appel, en vertu du principe de l'unicité du Ministère Public. Mais il peut néanmoins donner verbalement un point de vue de nuance ou contraire, à moins qu'il soit retenu pour autre cause ou que la juridiction ne décide de le renvoyer à l'Officier du Ministère Public pour l'instruction d'autres faits résultats des pièces ou des dépositions des témoins lors des débats.[248]

Toutefois, l'article 299 du Code de Justice Militaire dispose que : « *La Haute Cour Militaire peut décider sur réquisition du Ministère Public qu'un détenu acquitté ou absout soit maintenu en prison si les impératifs de la défense ou l'intérêt supérieur de la nation l'exigent* ».

Conformément aux dispositions de l'article 267 alinéa 2 et 3 du CJM, si le jugement a omis de se prononcer sur le sort des objets saisis, le Président de la juridiction peut statuer par voie d'ordonnance, à la requête de la partie intéressée et en cas de suppression de cette juridiction, le Président de la Cour militaire territorialement compétent est appelé à statuer.

Que dire des voies de recours ?

---

[248] Article 271 du CJM.

Chapitre VI : Des vois des recours

Les voies de recours sont reparties en deux groupes à savoir les voies de recours ordinaires dont opposition et appel ainsi que les voies de recours extraordinaires dont la révision, la réhabilitation et l'annulation

Comme en procédure pénale ordinaire, les décisions des Cours et Tribunaux Militaires sont soumises au principe du double degré de juridiction à l'exception des arrêts rendus par les Cours Militaires Opérationnelles conformément aux dispositions des articles 87 et 276 du CJM.

Par la promulgation de la Constitution du 18 février 2006, le pouvoir d'annulation qui était reconnu autre fois à la Haute Cour Militaire est transféré à la seule Cour de Cassation. Ainsi, la Haute Cour Militaire ne garde que sa compétence en matière de révision des décisions rendues par les juridictions militaires.

Dans cet ouvrage, nous nous limiterons à ressortir les spécificités de la procédure pénale militaire par rapport à la procédure pénale ordinaire dans les voies de recours ordinaires c'est-à-dire dans l'opposition et dans l'appel.

J'évoque l'opposition en procédure pénale ordinaire et militaire.

Section I : De l'opposition en procédure pénale ordinaire et militaire.

L'opposition est une voie de recours ordinaire ouverte aux parties défaillantes contre les décisions prononcées par défaut.

En somme, l'opposition est une voie de recours par laquelle une juridiction qui a rendu un jugement par défaut de réexaminer la cause qui lui a été soumise en vue de revenir éventuellement sur sa propre décision antérieure.

L'objectif qui préside à l'existence de cette voie de recours est de permettre à la partie qui n'a pu faire entendre ses arguments de ramener la cause devant la juridiction qui a précédemment statué afin d'en obtenir un réexamen contradictoire.[249]

Je parle de l'opposition en procédure pénale ordinaire et militaire.

Paragraphe I : De l'opposition en procédure pénale ordinaire.

En procédure pénale ordinaire, faire défaut signifie ne pas comparaître ou ne pas se faire représenter en justice si l'on a été régulièrement cité. Donc, le jugement par défaut suppose une décision qui a été rendue contre une personne sans que cette dernière ait été présente ou représentée dans le cas où la représentation est autorisée. L'opposition est dès lors une voie normale de rétractation consistant à substituer une décision contradictoire à une décision rendue par défaut.

Les décisions susceptibles d'opposition sont celles qui sont prononcées lorsqu'une partie au procès pénal n'a pas comparu personnellement ou n'a pas été représentée par son mandataire qui peut être un avocat ou un défenseur judiciaire car le défaut de comparaitre est un droit pour toute partie au procès.

Le prévenu cité régulièrement en justice peut, quelles qu'en soient les raisons, décider de ne pas comparaitre ou de ne pas se faire représenter. Mais si la juridiction se déclare régulièrement saisie, elle est tenue d'instruire la cause pour soit condamner soit renvoyer le prévenu défaillant des toutes les poursuites si les préventions mises en sa charge ne sont pas établies.

Il a été arrêté qu'en dépit de la mention ‘' contradictoire'' contenue dans le jugement attaqué, si le jugement a été rendu par défaut, c'est-à-dire le demandeur en cassation n'avait pas comparu

---

[249] PONGO WONYA LANDRY, *Guide de procédure pénale congolaise,* 2é édition Hans Kelsen, Kinshasa, 2017, p. 110-111.

ou n'était pas représenté conformément au prescrit de l'article 71 du CPP, ce jugement sera cassé.[250]

Aussi, la Cour Suprême de Justice affirme que viole les droits de la défense et doit être déclaré par défaut, le jugement prononcé à l'encontre de la partie civile qui n'a pas reçu notification de la date d'audience conformément aux dispositions des articles 54, 56 et suivants du C.P.P.[251]

Aussi, viole l'article 104 du CPP et doit être cassé, soutient la Cour Suprême de Justice, le jugement qui dit réputée contradictoire à l'égard d'une partie, une décision fixant la date dont il n'existe aucune preuve qu'elle a été régulièrement notifiée.[252]

Mais ne viole pas les articles 104 alinéas 2, 4 et 5 et 87 du CPP et 16 de la Constitution, le juge d'appel auquel il est reproché une mauvaise interprétation ainsi qu'une incorrecte application de l'article 104 susvisé et une absence de motivation, pour avoir à l'audience à laquelle la cause avait été renvoyée contradictoirement, instruit et pris l'affaire en délibéré en l'absence du prévenu et de son civilement responsable, la notification de date d'audience n'était plus requise et sa décision est bien motivée.[253]

Le délai d'opposition est de 10 (Dix) jours.[254] Ce délai est de rigueur, c'est-à-dire en dehors duquel on perd son droit d'agir.[255] Ce délai court à partir du prononcé si le jugement a été rendu dans la huitaine après la prise en délibéré et à partir de la

---

[250] CSJ, 28/10/1986, Aff MBUSU C/M.P et consorts.

[251] C.S.J, R.P 53 du 08/03/1973, Bull 1974, p. 47 in DIBUNDA KABUINJI MPUMBUAMBUJI, *Répertoire général de jurisprudence de la Cour Suprême de Justice 1969-1985,* éd CPDZ, Kin 1990 p. 78.

[252] CSJ, R.P 685 du 24/07/1984, B.A 1980 à 1984, p.493.

[253] CSJ, RP 112 du 22/08/1997 en cause BEMBA SAOLONA C/MP et BOTESSE MOIMBO NYANGA, Bulletin des arrêts de la CSJ années 1990 à 1999, éd du Service des documentations et d'études du ministère de la Justice, p.235.

[254] Article 89 du CPP.

[255] PONGO WONYA Landry, *Op. Cit*, p.112.

date de la signification si la décision était rendue au-delà du huit jours après la prise en délibéré.

Lorsque la signification n'a pas été faite à personne, l'opposition peut être faite après le 10e jour où l'intéressé sera censé avoir connaissance de la décision. En d'autres termes, à l'expiration du délai ordinaire d'opposition, lorsque la décision prononcée par défaut n'a pas pu être signifiée à personne, le prévenu peut former opposition dans les dix jours qui suivent celui où il a pris connaissance de la signification. Il s'agit de ce que Maître PONGO WONYA Landry appelle le délai extraordinaire d'opposition.

Le délai extraordinaire débute dès l'instant où le prévenu a été informé de la signification ou a reçu l'exploit par l'huissier de justice instrumentant.

L'opposition a lieu devant la même juridiction qui a rendu la décision mais autrement composée et l'instruction recommence *ab ovo*.

Aussi, la décision frappée d'opposition dans le délai ordinaire ne peut être mise à exécution étant donné que l'opposition a un effet suspensif.

Si l'opposant ne comparaît pas, l'opposition est non avenue. L'opposant ne peut ni renouveler ni faire opposition au jugement.[256] C'est-à-dire le jugement qui interviendra ne pourra plus être attaqué par une autre opposition même si le prévenu est encore dans les délais. Car opposition sur opposition ne vaut.

Plusieurs parties au procès peuvent former opposition au même jugement et il y aura jonction de toutes ces oppositions pour une bonne administration de la justice mais l'opposition d'une partie déclarée irrecevable ou non avenue n'empêche pas les autres de former opposition au même jugement si elles sont encore dans les délais, ni au tribunal d'examiner les oppositions des autres parties.

---

[256] Article 93 du CPP.

Il sied de noter que si la peine est prescrite, l'opposition ne peut plus être reçue[257] d'une part et d'autre part une partie peut se désister de son opposition.

De l'opposition en procédure pénale militaire.

Paragraphe II : De l'opposition en procédure pénale militaire.

Si la procédure pénale militaire admet le défaut, ce dernier n'a pas la même portée qu'en procédure pénale ordinaire.

Il y a lieu de préciser que conformément aux dispositions des articles 87 et 276 du CJM, les arrêts rendus par les Cours Militaires Opérationnelles ne sont pas susceptibles d'opposition. Par contre, les arrêts rendus par la HCM sont susceptibles d'opposition.

En effet, la procédure pénale militaire permet à la juridiction de rendre une décision réputée contradictoire même si le prévenu se trouve dans l'une des deux hypothèses prévues pour le défaut par le Code de Procédure Pénale Ordinaire.[258]

Le Code Judiciaire Militaire, à son article 326 affirme que le jugement est par défaut notamment lorsque le prévenu renvoyé ou traduit devant la juridiction militaire n'a pu être saisi, ou lorsqu'après avoir été saisi, il est évadé ou encore lorsque, régulièrement cité ne se présente pas.

Le terme ''saisi'' utilisé par le législateur à l'article 326 du CJM prête confusion. Il aurait été plus correct de parler du « *prévenu appréhendé* » au lieu du « *prévenu saisi* ».

Il y a trois exceptions prévues aux articles 238 à 240 du CJM qui dérogent au droit commun : notamment l'article 238 du

---

[257] RUBBENS. A: *Op.Cit*, p.p 246 et 243.

[258] Le souci est d'éviter que, par mauvaise foi, les prévenus ne retardent inutilement l'exécution des décisions rendues pendant que leur mauvais exemple ferait des émules. Ainsi, dans le souci de célérité dans le traitement des causes qui leur sont soumises et en vue d'assurer un climat permanent d'ordre et de discipline, d'appliquer la procédure par défaut.

CJM qui dispose que : « *Pour des infractions punissables d'une année au moins de servitude pénale, le prévenu régulièrement cité à personne doit comparaitre. S'il ne comparaît pas et ne fournit pas d'excuses valables, le jugement à intervenir à son endroit sera réputé contradictoire* ».

Aussi, l'article 239 du CJM fait allusion au prévenu en détention qui refuse de comparaître. Lorsqu'un tel cas se présente, la sommation d'obéir à la justice est faite au prévenu au nom de la loi par un agent de la force publique commis à cet effet soit par le Président de la juridiction, soit par le Ministre Public Militaire. Si le prévenu persiste dans son refus, le Président ordonne la poursuite des débats malgré son absence et ce, après avoir donné lecture du procès-verbal reprenant la sommation et la réponse du prévenu. Le jugement rendu pendant l'absence du prévenu sommé et qui a refusé de comparaître est réputé contradictoire.

La troisième exception concerne le prévenu qui fait obstacle au cours normal de l'audience par ses clameurs ou par tout autre moyen propre à causer tumulte. Le Président, usant de ses pouvoirs de police, peut le faire expulser de la salle d'audience et reconduire en prison, ou garder par la force publique jusqu'à la fin des débats. Outre que ce prévenu pourra être condamné sur-le-champ pour rébellion, le jugement, concernant les faits pour lesquels il a été renvoyé ou traduit directement devant la juridiction militaire, est réputé contradictoire bien que les débats se soient déroulés en son absence.

Aussi, si le prévenu fait défaut après avoir comparu à la suite d'une citation régulière ou se fait expulser, les débats qui se poursuivent en son absence sont réputés contradictoires. Dans ce cas, l'article 241 du CJM fait obligation au greffier de donner lecture des procès-verbaux de ces débats et une copie des réquisitoires du Ministère Public ainsi que des jugements rendus pendant l'expulsion du prévenu.

De même, s'il y a eu comparution et remise ou renvoi en prosécution à une audience ultérieure, cette remise est contradictoire laquelle vaut citation régulière et le prévenu qui ne se présente pas à l'audience de renvoi tombe dans l'hypothèse de l'article 238 du Code de Justice Militaire s'il ne fournit pas d'excuses valables.

L'opposition est faite en temps de paix dans les 5 (Cinq) jours francs [259] après celui où la décision attaquée aura été portée à la connaissance de la partie intéressée et en temps de guerre en vingt-quatre heures.[260] Aucun délai de distance n'est prévu par le Code Judiciaire Militaire. Conformément aux dispositions de l'article 331 alinéa 2 du CJM, la notification d'un jugement par défaut doit contenir la mention du délai accordé par la loi pour former opposition. L'absence de cette mention entraîne la nullité de l'acte.

L'article 331 alinéa 1er du CJM affirme que si le jugement n'a pas été notifié à personne, l'opposition est recevable jusqu'à l'expiration des délais de prescription de la peine. Si le condamné se présente ou s'il est arrêté avant que la peine soit éteinte par la prescription, le jugement intervenu lui est notifié sans délai.

Il est à noter qu'un jugement d'acquittement rendu par défaut ne doit pas être notifié.

Enfin, l'article 337 du CJM parle de l'*itératif défaut* lorsqu'à la suite de l'opposition à l'exécution d'un jugement rendu par défaut, l'opposant ne comparaît pas alors qu'il a été cité à personne ou au domicile indiqué par lui dans sa déclaration d'opposition. La conséquence en procédure pénale militaire est que « *le défaillant récidiviste* » n'aura plus la possibilité d'attaquer la décision lui condamnant en appel étant entendu que la décision par défaut lui est définitivement fermée. Il ne lui restera que le pourvoi devant la Cour de cassation.

Notez que le droit au recours notamment à l'opposition et à l'appel est garanti non seulement par la Constitution du 18 février 2006 à son article 61 5° qui dispose : « *En aucun cas, et même lorsque l'état de siège ou l'état d'urgence aura été proclamé conformément aux articles 85 et 86 de la présente Constitution, il ne peut être dérogé aux droits et principes fondamentaux*

---

[259] Article 277 du CJM.

[260] Article 331 du CJM.

énumérés ci-après : 5° Les droits de la défense et le droit de recours » mais également les instruments juridiques internationaux dont le Statut de Rome, à son article 67, qui cite le droit pour le prévenu de disposer du temps et des facilités nécessaires à la préparation de sa défense.

Delà, Il apparaît clairement que le droit au recours fait partie des droits indérogeables, c'est-à-dire certaines valeurs universelles défendues dans les instruments nationaux, régionaux et internationaux qui échappent à la limitation pour quelques raisons que ce soit comme il en est pour quelques droits limités en temps d'urgence.[261] C'est ainsi que le Professeur KALINDYE BYANJIRA Dieudonné soutient que les droits de l'homme doivent être respectés y compris durant les périodes de conflit armé.[262]

Donc, l'interdiction d'entreprendre l'opposition contre l'arrêt de la Cour Militaire opérationnelle prévue dans le CJM congolais pose d'énormes problèmes. Ainsi, ce code doit se conformer non seulement à la Constitution du 18 février 2006 mais également aux instruments juridiques internationaux ratifiés par la RDC.

Que dire de l'appel en procédure pénale ordinaire et militaire ?

Section II : De l'appel en procédure pénale ordinaire et militaire.

L'éminent juriste KATUALA KABA-KASHALA définit l'appel comme une voie de reformation et d'annulation des jugements ou d'arrêts. C'est-à-dire une voie de recours par laquelle une partie défère la décision d'une juridiction à une autre

---

[261] WEMBOLUA OTSHUDI KENGE H, *Réflexions sur la Déclaration Universelle des Droits de l'Homme. Valeur, contenu et importance vus d'Afrique*, L'Harmattan, Paris, 2015, p. 175.
[262] KALINDYE BYANJIRA D, *Droit international humanitaire*, éd L'Harmattan, 2015, Paris, p.219.

juridiction qui lui est hiérarchiquement supérieure en lui demandant de réformer cette décision.[263]

En d'autres termes, l'appel est une voie de recours par laquelle une partie à laquelle une décision rendue par une juridiction lui fait grief s'en réfère à une autre juridiction supérieure en vue de voir ladite décision reformée à sa faveur.

L'appel est la traduction du principe du double degré de juridiction. Interjeter appel d'une décision, c'est refuser de l'accepter, c'est s'adresser à une juridiction supérieure pour obtenir une décision différente et conforme aux conclusions prises devant le premier juge.

Paragraphe I : De l'appel en procédure pénale ordinaire.

L'appel, d'après l'article 96 du Code de Procédure Pénale, est ouvert notamment au Ministère public, au prévenu, à la partie civile et au civilement responsable.

Sauf en ce qui concerne le Ministère Public, l'appel doit, à peine de déchéance, être interjeté dans les 10 (dix) jours qui suivent le prononcé du jugement ou sa signification, selon qu'il est contradictoire ou par défaut.[264] Que dire si le condamné a été mis dans l'impossibilité de respecter le délai légal pour interjeter l'appel ? Peut-on le relever de la déchéance ?

Ce délai est augmenté des délais de distances fixés par l'article 97 alinéa 1er, sans qu'il puisse, en aucun cas dépasser quarante-cinq jours. La distance à prendre en considération est celle qui sépare la résidence de l'appelant du greffe où se fait la déclaration d'appel lorsque le jugement est contradictoire et celle qui sépare le lieu de la signification du même greffe, lorsque le jugement est par défaut.

---

[263] KATUALA KABA-KASHALA, *L'appel à travers les jurisprudences et doctrine congolaises, belges et françaises récentes*, Batena Ntambwa, Kinshasa, 2004, p.5.
[264] Article 97 du CPP.

Les délais d'appel sont soit ordinaires soit exceptionnels. Le délai d'appel ne court que du jour de la signification de la décision de première instance, sauf les exceptions prévues par la loi et que tant que cette décision n'est pas signifiée, le délai reste ouvert, peu importe que la partie succombante en ait eu personnellement connaissance par une voie autre que celle de la signification.

Il sied de noter que le délai d'appel augmenté de distance suspend l'exécution du jugement entrepris même si l'appel est manifestement irrecevable pour tardivité car il n'appartient pas à une partie d'apprécier sa validité, ce pouvoir revient au tribunal.

En matière pénale, ce délai court à partir du jour du prononcé du jugement contradictoire.[265]

Toutefois, souligne l'article 99 du Code de Procédure Pénale ordinaire, le Ministère Public près la juridiction d'appel peut interjeter appel dans les trois mois du prononcé du jugement..[266] Le délai de 3 mois accordé au Ministère Public près la juridiction supérieure et au Procureur Général détenteur de la plénitude de l'action publique, affirme le magistrat NKONGOLO TSHILENGU Matthieu, ne suspend pas l'exécution du jugement entrepris[267] car ce délai est prévu pour permettre aux chefs hiérarchiques d'exercer leur pouvoir de contrôle.[268]

En droit de procédure pénale ordinaire, seuls les appels du Ministère Public et du prévenu entrainent un effet suspensif. En procédure pénale ordinaire un appel même dilatoire bloque la juridiction qui a rendu la décision. Une juridiction ne peut, nonobstant appel acté, continuer l'examen de la cause. Mais compte tenu des effets suspensifs de l'appel, l'effet ne joue pas lorsque le prévenu est en détention ou quand il a été acquitté ou condamné avec sursis ou à une simple amende, hypothèses dans lesquelles il devrait être immédiatement relaxé.

---

[265] C.S.J, 20 novembre 1985, Ministère public C/IYELI et consort in KATUALA KABAKA-KASHALA, *Op. Cit*, p. 65.

[266] C.S.J, 15/04/1975, B.A 1976, p.152.

[267] Article 102 alinéa 2 du CPP.

[268] NKONGOLO TSHILENGU Mathieu, *Op. Cit.*, p.146.

Conformément aux dispositions de l'article 100 du CPP, l'appel peut être fait soit par déclaration au greffe de la juridiction qui a rendu la décision ou de la juridiction qui doit connaître de l'appel.[269]

L'appel d'un jugement interlocutoire suspend la procédure devant le tribunal qui l'a rendu par déférence à la juridiction d'appel. Ainsi, l'article 102 du CPP affirme qu'il est sursis à l'exécution du jugement jusqu'à l'expiration des délais d'appel et, en cas d'appel, jusqu'à la décision sur ce recours. Par contre, la clause d'arrestation immédiate est exécutée même s'il y a appel conformément aux dispositions de l'article 103 du CPP.[270]

Toutefois, le délai de trois mois prévus à l'article 99 alinéa 2 n'emporte pas sursis à l'exécution.

Au degré d'appel, la juridiction est saisie par l'acte d'appel, mais peut statuer sur une simple notification par les soins du greffier[271] et la jurisprudence renchérit en disant que la juridiction d'appel est saisie par l'acte d'appel et non par la citation donnée au prévenu [272] et le prévenu n'est pas en principe tenu de comparaître en personne, il peut toujours être représenté par son conseil, sauf si par une décision, la juridiction d'appel l'y oblige conformément aux dispositions de l'article 104 du CPP ou dans le cas où l'infraction mise à sa charge peut entraîner la peine de mort. Ainsi, on peut dire qu'en procédure pénale ordinaire, au degré d'appel, la représentation est la règle et la comparution personnelle est, l'exception ; ce qui est contraire en procédure pénale militaire.

---

[269] CSJ, 9/03/1977, R.P 158 affaire MBANGU C/M.P, B.A 1978, p.24 : Elle a été jugée selon les dispositions de l'article 100 alinéas 1 et 2 du Code de procédure pénale, l'appel formé par lettre missive est considéré comme fait à la date de réception par le greffier de la juridiction qui a rendu le jugement ou par celui qui doit connaître de l'appel.

[270] Le prévenu qui était en état de détention au moment du jugement ou dont l'arrestation immédiate a été ordonnée par le jugement, demeure en cet état nonobstant l'appel.

[271] Article 104 alinéa 1er du CPP.

[272] Cour Suprême de Justice, RP 211 du 26/02/1977, Bulletin 1978, p.16, RJZ, 1979, p.85 in DIBUNDA : *Op.cit*, p.11.

Le point suivant concerne l'appel en procédure pénale militaire.

Paragraphe II : De l'appel en procédure pénale militaire.

Dans le Code Judiciaire Militaire, l'appel est reconnu à tous les justiciables des juridictions militaires sauf contre les décisions rendues par les Cours Militaires Opérationnelles et la Haute Cour Militaire étant entendu que les décisions rendues par ces dernières sont rendues en premier et dernier ressort.

Le jugement rendu sur opposition peut toujours être entrepris par voie de l'appel sauf en cas d'itératif défaut et de jugement condamnant un témoin défaillant.

Le délai d'appel en droit procédural militaire est de 5 (Cinq) jours francs en temps de paix lequel délai court à partir du jour où la décision entreprise est portée à la connaissance de la partie intéressée, c'est-à-dire le jour du prononcé si le jugement est contradictoire ou le jour de la notification si l'intéressé n'a pas été présent lors du prononcé.

Aussi, le délai extraordinaire de 3 (trois) mois reconnu au Ministère Public en procédure pénale n'est pas accordé au Ministère Public Militaire. Ce dernier doit interjeter appel dans les 5 jours sous peine d'irrecevabilité.

En temps de guerre, le délai d'appel est réduit à 24 (Vingt-quatre) heures. Aucun délai de distance n'est prévu par le CJM.

Mais le colonel MUKENDI TSHIDJA-MANGA Freddy ne partage pas l'opinion de certains auteurs qui estiment qu'en appel le délai à observer est celui du droit commun étant donné que le législateur a déjà tranché d'une manière non équivoque en fixant les délais d'appel lequel Code est une loi spéciale qui déroge au droit commun qui est une loi générale.

Par contre Maître Franck MULENDA LUETETE DJAWO quant à lui pense qu' au degré d'appel, c'est la procédure pénale ordinaire qui doit être suivie par les juridictions militaires conformément aux dispositions de l'article 278 alinéa 4 du CJM qui dispose : « *La procédure suivie est celle prévue par le Code de Procédure Pénale* » et renchérit en soutenant que c'est dommage que certaines juridictions militaires d'appel imposent aux justiciables le respect de certaines dispositions dérogatoires comme par exemple les prescrits de l'article 246 alinéa 2 du CJM alors que la procédure pénale ordinaire ne vise pas le dépôt d'un mémoire unique préalable avant les débats au fond. Cette disposition du CJM (l'alinéa 4 de l'article 278) déroge à l'article 129 du CJM.

Au degré d'appel, il suffit qu'un préalable soit soumis à l'appréciation des juges dans la forme ordinaire pour qu'il soit examiné parce qu'il s'agit de la volonté du législateur clairement exprimée.[273]

La partie défaillante qui interjette appel renonce par ce fait à l'opposition. Mais si l'appel est interjeté après la déclaration d'opposition, l'action en appel devra être dite irrecevable.

En ce qui concerne les effets de l'appel, il faut faire la distinction entre l'appel du jugement rendu au fond et l'appel du jugement sur incident. L'appel d'un jugement interlocutoire, contrairement au droit commun, n'est pas suspensif de la procédure devant la juridiction militaire qui l'a rendu.

Pour les jugements rendus au fond, le délai d'appel suspend l'exécution du jugement en cas d'appel effectif, la suspension demeure jusqu'à la décision sur le recours. Par contre, conformément aux dispositions de l'article 248 du CJM, pour l'appel interjeté contre les jugements sur incident rendus par une juridiction militaire ne peut être examiné avant la décision sur le fond rendue par cette juridiction. Cela veut dire qu'il ne sera pas question pour la juridiction militaire de surseoir à statuer sur les faits dont elle est saisie au motif qu'un appel a été interjeté contre un jugement sur incident qu'elle aurait rendu. En d'autres termes, il n'y aura pas d'effet suspensif de l'appel tant que la décision sur le fond n'aura pas été rendue. Aussi, dans les Statuts de Rome, les appels n'ont pas d'effets suspensifs.

---

[273] MULENDA Luetete Djawo F, *Op.Cit,* p. 11.

Contrairement à la procédure pénale ordinaire qui permet aux parties de faire la déclaration d'appel au greffe de la juridiction ayant rendu le jugement ou devant le greffe de la juridiction devant connaître de cet appel, en procédure pénale militaire, conformément à l'article 278 alinéa 3 du CJM, l'appel est introduit par déclaration ou lettre missive exclusivement au seul greffe de la juridiction ayant rendu le jugement.

Selon Maître Franck MULENDA, il y a une sorte de contradiction au regard de l'article 278 du CJM en ce qui concerne le greffe qui doit recevoir l'appel. Il affirme qu'en disant que l'appel est introduit par une déclaration ou une lettre missive au greffe de la juridiction ayant rendu la décision, l'alinéa 3 de cet article semble donner compétence à ce seul greffe pour recevoir l'appel, mais en précisant que l'appel est interjeté devant une juridiction immédiatement supérieure, l'alinéa 1er de cet article confère la compétence à son greffe de recevoir une déclaration d'appel. Il conclut en soutenant que : « *L'interprétation qui convient c'est de soutenir la compétence de deux greffes en la matière* ».

En ce qui concerne la comparution du prévenu condamné qui a interjeté appel, le prévenu qui se trouve en détention préventive ou dont l'arrestation immédiate a été ordonnée par la juridiction du premier degré est transféré au siège de la juridiction d'appel.

En procédure pénale militaire, contrairement à la procédure pénale ordinaire, la comparution personnelle demeure le principe.

Si en procédure pénale ordinaire, le transfert se fait à la demande du prévenu ou lorsque la juridiction d'appel ordonne sa comparution personnelle conformément à l'article 105 du Code de Procédure Pénale, pour la procédure pénale militaire, le transfert doit nécessairement se faire puisque l'article 238 du CJM oblige le prévenu cité à personne à comparaître personnellement. Ce qui est effectivement le cas lorsqu'il est en détention.

Si le prévenu condamné qui est en appel est en liberté provisoire, il perd le bénéfice de cette liberté provisoire pendant le transfert. A son arrivé au siège de la juridiction d'appel, il pourra recouvrer la liberté aux conditions déterminées par le Président de la juridiction.

Je soutiens l'avis du Colonel MUKENDI TSHIDJA qui pense que les arrêts rendus par la Cour Militaires Opérationnelles et la Haute Cour Militaire qui ne sont pas susceptibles d'appel conformément au CJM sont contraires aux instruments juridiques internationaux ratifiés par la RDC.

Il n'existe aucune raison qui permettrait aux juridictions militaires opérationnelles d'échapper au recours en révision. Bien au contraire, les conditions dans lesquelles elles sont appelées à rendre leurs décisions rendent le recours en révision ou les voies de recours ordinaires plus indispensables.[274] La justice étant rendue par les hommes, elle reste sujette à erreur et c'est pour corriger ces erreurs éventuelles que les voies de recours ont été instituées.

Comme nous avons fait remarquer précédemment, la R.D.C a ratifié le Pacte International relatif aux Droits Civils et Politiques de 1966 qui oblige les Etats parties à reconnaître à toute personne accusée d'une infraction le droit de disposer du temps nécessaire pour la préparation de sa défense ;[275] à la personne condamnée les droits de faire les recours.

Aussi, je suis d'accord avec Maître Franck MULENDA qui déplore la violation du délai d'appel ou des effets d'appel dans le chef des certains juges. On procède à l'exécution provisoire de la décision notamment par le renvoi de l'armée ou de dégradation du condamné alors que le délai d'appel ou des effets suspensifs d'appel court à partir du prononcé ou de la signification selon le cas. Au moment où les juges rappellent aux condamnés leurs droits d'appel, ils instruisent le commandant de police d'audience d'exécuter les décisions pourtant l'appel du prévenu remet le compteur à zéro sans soumettre aux nouveaux juges une requête en défense à exécuter comme en matière civile.

---

[274] MUKENDI TSHIDJA-MANGA F, *Op.Cit,* p. 215.
[275] Article 14 3 b du PIDCP.

Il sied aussi de rappeler que certains instruments juridiques internationaux signés par la RDC reconnaissent aux justiciables non seulement le droit de double degré de juridiction mais aussi un délai suffisant pour préparer leur défense notamment l'article 14 5° du PIDCP qui dispose : « *Toute personne déclarée coupable d'une infraction a le droit de faire examiner par une juridiction supérieure la déclaration de culpabilité et la condamnation, conformément à la loi* ».

L'article 49 alinéa 4 de la Convention de Genève pour l'amélioration du sort des blessés et des malades dans les forces armées en campagne de 1949 dispose : « *En toutes circonstances, les inculpés bénéficieront de garanties de procédure et de libre défense qui ne seront pas inférieures à celles prévues par les articles 105 et suivantes de la Convention de Genève relative au traitement des prisonniers de guerre du 12 août 1949* ».

Aussi, l'article 107 de la Convention (III) de Genève relative au traitement des prisonniers de guerre affirme que tout jugement rendu à l'égard d'un prisonnier indiquera que le prisonnier a le droit de recourir en appel, en cassation ou en révision. C'est aussi le lieu de réfléchir sur la question de savoir si l'avocat pour interjeter l'appel au nom et pour le compte de son client prévenu doit avoir nécessairement une procuration spéciale alors que ni le Code de Procédure Pénale Ordinaire ni encore moins le Code Judiciaire Militaire en parlent ?

Le magistrat MAYIZA KALA Jonathan affirme que non seulement c'est par la volonté du législateur que la procuration n'est pas prévue en matière pénale pour interjeter appel d'une part mais aussi en cas d'emprunt de l'article 68 du Code de Procédure Civile, sous certaines conditions notamment l'insuffisance ou le caractère lacunaire du Code de Procédure Pénale.[276]

La Cour Suprême de Justice, dans son arrêt sous RR 357 du 06/09/2009 dans l'affaire succession MUKADI KALENGA Boniface contre BUDIMBI KHEMBE Célestin, déclare que : « *Suivant les dispositions de l'article 73 de la Loi organique du*

[276] MAYIZA KALA J, *Op.Cit*, p. 460.

Barreau, l'avocat porteur des pièces est censé représenter les parties. Elle relève qu'en outre que chaque fois le législateur a entendu déroger à la règle en exigeant une procuration spéciale, il l'a fait expressis verbis ».

Que dire de l'exécution des décisions rendues ?

Chapitre VII : De l'exécution des décisions rendues.

Je parle de l'exécution des décisions en procédure pénale ordinaire et en procédure pénale militaire.

Section I : De l'exécution des décisions en procédure pénale ordinaire.

En procédure pénale ordinaire, conformément à l'article 110 du Code de Procédure Pénale, l'exécution des décisions rendues n'intervient qu'après l'expiration d'un double délai à savoir d'une part le délai d'opposition et d'appel qui est de dix (10) jours francs et d'autre part le délai de la huitaine franche qui court du jour où la condamnation est devenue irrévocable.

Conformément à l'article 110 du Code de Procédure Pénale, cette mesure est obligatoire lorsque le prévenu en liberté provisoire est condamné à l'emprisonnement sans sursis ou à une peine plus grave que la durée de détention déjà subie.

En outre, l'article 111 du Code de Procédure Pénale reconnaît au Ministère Public le pouvoir de faire condamner même dans le cas où l'arrestation immédiate n'a pas été ordonnée par le juge si, à raison de circonstances graves et exceptionnelles, cette mesure est réclamée par la sécurité publique ou s'il existe des présomptions sérieuses que ce condamné cherche et peut se soustraire à l'exécution du jugement.

En cas de jugement d'acquittement, aucun délai n'est prévu pour son exécution ; ces jugements sont exécutoires immédiatement puisqu'ils mettent en principe fin à la détention préventive. Ainsi, lorsqu'un jugement d'acquittement est prononcé et que le prévenu est en détention, le Ministère Public n'a à attendre aucun délai pour son exécution ; il doit, dès le prononcé, ordonner que le prévenu recouvre sa liberté. Si le prévenu est à l'audience, il est libre juste après le prononcé de la décision d'acquittement. S'il est en prison, le Ministère Public adressera le même jour au gardien de prison son ordonnance de mainlevée de la détention du prévenu acquitté. Donc, le délai d'appel ou l'exercice effectif de ce recours n'est en aucun cas suspensif d'un jugement d'acquittement.

L'exécution de la peine de mort se fait par pendaison pour les civils. Cela est prévu par l'Arrêté du Gouverneur général du 09 avril 1898 tel que modifié par l'Ordonnance n° 11/37 du 24 janvier 1948[277]. L'article 1er de cet Arrêté dispose que : « *Les exécutions capitales se feront par la pendaison pour les civils et par les armes pour les militaires* ».

Les infractions du Code Pénal Ordinaire qui sont assorties de la peine de mort sont notamment : le meurtre, l'assassinat, l'empoisonnement, l'épreuve superstitieuse ayant causé la mort, l'arrestation ou la détention arbitraire accompagnées de torture et suivies de mort, torture, vol à main armées, meurtre commis pour faciliter le vol ou l'extorsion ou pour assurer l'impunité, la formation de bandes armées dans le but d'attenter aux personnes ou aux propriétés, le vol ou l'attentat ayant causé la mort.

Il convient de rappeler l'exécution des décisions en procédure pénale militaire

Section II : De l'exécution des décisions en procédure pénale militaire.

En cas d'acquittement ou d'absolution, le prévenu est remis immédiatement en liberté, s'il n'est retenu pour d'autres causes et sous réserve des dispositions de l'article 271 du CJM qui dispose : « *Lorsqu'il résulte des pièces produites ou des dispositions des témoins entendus dans les débats, que le prévenu peut être poursuivi pour d'autres faits, le Président fait dresser procès-verbal. La juridiction peut soit surseoir à statuer sur les défenses ou renvoyer l'affaire à une audience ultérieure ; soit, après le prononcé du jugement, renvoyer d'office le condamné et les pièces*

[277] B.A pp. 423 in Code Piron, Tome II, p. 106.

à l'autorité judiciaire compétente, pour être procédé, s'il y a lieu, aux nouvelles poursuites ».

En procédure pénale militaire, le délai de huit jours francs n'est pas prévu. Ainsi, dès que la condamnation est devenue irrévocable, c'est-à-dire dès que le délai de 5 (Cinq) jours pour faire opposition ou appel ont expiré, la décision devient exécutoire.

L'article 299 du C.J.M dispose que : « *La Haute Cour Militaire peut, sur réquisition du Ministère Public, décider qu'un détenu acquitté ou absout soit maintenu en prison si les impératifs de la défense ou l'intérêt supérieur de la nation l'exigent* ».

L'Auditeur Général des Forces avise le Ministre de la Défense de toute condamnation à la peine capitale devenue définitive.[278]

L'article 352 du CJM dispose que la peine capitale pour les décisions rendues par les juridictions militaires, l'exécution se fait par fusillade dans un lieu désigné par l'autorité militaire. Il y a lieu de retenir que les justiciables des juridictions militaires condamnés à la peine de mort sont passés par les armes dans un lieu désigné par l'autorité militaire. Les modalités d'exécution de cette peine sont fixées à l'article 28 du Code Pénal Militaire.

Les infractions du Code Pénal Militaire qui sont assorties de la peine de mort sont notamment : la trahison; l'espionnage; attentat contre le Chef de l'État; attentat tendant à porter le massacre; la dévastation et le pillage; la sédition organisée par une bande armée; l'usage d'une arme dans un mouvement insurrectionnel; la direction ou l'organisation des mouvements insurrectionnels; la désertion avec complot ayant lieu en temps de guerre ou de circonstances exceptionnelles liées à l'état de siège ou d'urgence ou à l'occasion d'une opération de police tendant au maintien ou rétablissement de l'ordre public; la désertion à l'étranger ayant lieu en temps de guerre ou pendant les circonstances exceptionnelles; la désertion à bande armée ayant lieu en temps de guerre ou pendant les circonstances

---

[278] Article 352 du CJM.

exceptionnelles; la désertion à l'ennemi ou en présence de l'ennemi; la provocation à la désertion lorsque le coupable est officier; la mutilation volontaire ayant été pratiquée en temps de guerre ou en périodes exceptionnelles et en présence de bande armée ou de l'ennemi; la lâcheté, la capitulation ou défaitisme; le complot militaire ayant lieu en temps de guerre, en périodes exceptionnelles; les pillages organisés par les militaires appartenant à une ou plusieurs unités agissant de concert; les pillages ayant lieux en temps de guerre ou dans une région où l'état de siège ou d'urgence est proclamé ou à l'occasion d'une opération de police tendant au maintien ou au rétablissement de l'ordre public; la destruction d'édifice, d'ouvrage, de navire, d'aéronef, d'approvisionnements, d'armements, de matériels, d'installation quelconque ou de tous les autres objets à l'usage des forces armées ou concourant à la défense, ayant entrainé mort d'homme, l'emploi abusif d'édifice, d'ouvrage, de navire... en temps de guerre, le faux ayant pour objet de porter atteinte à la défense nationale ou aux intérêts vitaux de la nation en temps de guerre; le faux ayant occasionné des pertes en matériels ou la destruction totale ou partielle d'une unité ou des troupes en opération, l'incitation à commettre des actes contraires au devoir ou à la discipline ayant été commise, en temps de guerre ou pendant les circonstances exceptionnelles ou dans toutes circonstances pouvant mettre en péril la sécurité d'une formation militaire, d'un navire ou d'un aéronef militaire, la révolte militaire commise en temps de guerre ou pendant des circonstances exceptionnelles, les instigations à la révolte, la révolte ayant lieu en présence de l'ennemi ou de bande armée, la rébellion ayant entrainé des blessures ou la mort de l'autorité contre laquelle elle est dirigée; la rébellion ayant lieu en temps de guerre ou pendant les circonstances exceptionnelles; le refus d'obéir aux ordres de son supérieur en temps de guerre ou pendant les circonstances exceptionnelles; le fait pour quiconque embarqué ou employé au service des forces armées de refuser d'obéir lorsqu'il est commandé pour marcher contre l'ennemi ou pour tout service ordonné par son chef en présence de l'ennemi ou d'une bande armée, les voies de fait et outrages envers les supérieurs ou une autorité qualifiée ayant été commis en temps de guerre ou pendant les circonstances exceptionnelles; les violences à sentinelle commises en temps de guerre dans une région où l'état de siège ou d'urgence est proclamé ou à l'occasion d'une opération de police ; les violences envers les populations civiles en temps de guerre ou pendant les circonstances exceptionnelles; abandon de poste en temps de guerre; le fait de pilote d'un navire ou d'un aéronef militaire, en présence de l'ennemi ou en cas de danger imminent, d'avoir abandonné le navire ou l'aéronef qu'il était chargé de conduire; le fait pour tout commandant de navire ou tout pilote de l'aéronef militaire en vol, volontairement et en violation des consignes reçues en cas de perte du navire ou de l'aéronef, de ne l'avoir pas abandonné le dernier; le fait pour tout commandant non pilote d'un aéronef militaire, dans les mêmes conditions précédentes de l'avoir abandonné avant l'évacuation des autres personnes embarquées, hormis le pilote, l'abandon de poste en présence de l'ennemi ou de bande armée; la trahison, l'espionnage; le sabotage commis dans le but de servir les intérêts d'une puissance étrangère ou sous contrôle étranger; les atteintes aux institutions de la République ou à l'intégrité du territoire national commises par une bande armée; le mouvement insurrectionnel; l'usurpation de commandement de levée de forces armées et l'incitation à s'armer illégalement en temps de guerre ou dans une région d'hostilité; les atteintes au secret de la défense nationale; le terrorisme ayant entrainé mort d'homme; le génocide; le crime contre l'humanité; l'évasion de détenus ou des prisonniers de guerre ayant été favorisée par la transmission d'armes; le fait pour toute personne, pouvant disposer de la force publique, de requérir ou d'ordonner; faire requérir ou ordonner l'action ou l'emploi pour empêcher l'exécution des lois sur le recrutement militaire ou sur la mobilisation et ce, en temps de guerre ou pendant les circonstances exceptionnelles; l'enrôlement par l'ennemi ou ses agents, les impositions d'amendes collectives, de réquisitions abusives ou illégales, de confiscations ou spoliations, d'importation hors du territoire de la République, par tous moyens, de biens de toute nature, y compris les valeurs mobilières et la monnaie accompagnées de sévices, tortures ou suivies d'une infraction et ce, en temps de guerre ou pendant les circonstances exceptionnelles; le travail obligatoire des civils ou la déportation, sous quelque motif que ce soit, d'un individu détenu ou interné sans qu'une condamnation régulière, au regard des lois et coutumes de guerre, ait été définitivement prononcée, accompagnés de sévices, tortures ou suivis d'une autre infraction, et ce, en temps de guerre ou pendant les circonstances exceptionnelles; le fait pour toute personne, avec un faux costume, sous un faux nom ou sur un faux ordre de l'autorité publique, de procéder, par des tortures corporelles, à l'arrestation; séquestration ou détention d'un individu; le vol, le détournement et destruction méchante en en temps de guerre ou pendant les circonstances exceptionnelles, des armes, munitions, véhicule, effets ou autres objets destinés à des opérations militaires.

La République Démocratique du Congo, non seulement n'a pas ratifié le deuxième Protocole facultatif se rapportant au Pacte International relatif aux Droits Civils et Politiques visant la peine de mort adopté par l'Assemblée Générale des Nations unies dans sa résolution 44/128 du 15 décembre 1989 mais également la peine de mort n'est pas expressément abolie. Les cours et tribunaux la prononcent mais elle n'est plus exécutée. Lorsque la peine de mort est prononcée, elle est commuée à une peine de servitude pénale à perpétuité, sur base d'un moratoire du Parlement. Aussi, l'article 27 du CJM a déjà aboli implicitement la peine de mort lorsqu'il dispose : « *Dans tous les cas punissables de mort, la juridiction militaire pourra prononcer la peine de servitude pénale à perpétuité ou une peine de servitude pénale principale, en précisant une durée minimale de sureté incompressible, c'est-à-dire la période de temps pendant laquelle le condamné ne peut prétendre à aucune remise* ».

Toutefois, il y a eu deux propositions de loi sur l'abolition de la peine de mort à savoir la proposition de l'honorable Raphael NYABIRUNGU MWENE SONGA et celle l'honorable André MBATA BETUKUMESU MANGA. Confronté à ces deux propositions, le Bureau avait retenu celle de l'honorable MBATA laquelle proposition fut examinée à la plénière du jeudi 18 novembre 2010 trois ans après son dépôt et la plénière lui a réservé un accueil défavorable.[279]

---

[279] MBATA BETUKUMESU MANGA A, *Abolition de la peine de mort et constitutionnalisme en Afrique*, L'Harmattan, Paris, 2011, p.p17 et 38.

Il sied de noter que le condamné à mort contre lequel la dégradation ou la destitution n'a pu être prononcée, peut porter, lors de son exécution, les insignes et uniformes de son grade, qu'il conserve du reste jusqu'à sa dernière demeure.

Dans le CJM, l'amende est toujours prononcée en la combinant avec la servitude pénale principale. C'est principalement pour des infractions de droit commun que les juridictions militaires prononcent les peines d'amende.

Pour les militaires ou assimilées n'ayant pas rang d'officier, le tribunal peut décider par une disposition spéciale de substituer à la peine d'amende une peine de servitude pénale subsidiaire de deux jours à six mois au lieu de s'en prendre à leur patrimoine.

La loi permet à la juridiction militaire de remplacer la peine d'amende par une peine de privation de liberté. Le législateur a une préférence pour les peines privatives de liberté pour les militaires par rapport aux peines pécuniaires ou patrimoniales pour ne pas les exposer à une délinquance continuelle eu égard à leur situation financière.

Il s'avère que la peine d'amende prévue par le Décret du 22 décembre 1888 pour réprimer les fautes militaires graves n'était plus reprise dans le Décret de 1964 parce que l'effet d'intimidation de la peine a attiré l'attention du législateur pour mettre fin au désordre provoqué par des nombreux militaires.

C'est l'intimidation que l'on doit toujours avoir en vue parce qu'elle va droit au but et qu'elle est la seule qui peut produire des effets salutaires et que toute disposition qui tendra à donner au militaire l'idée qu'il peut compter sur l'indulgence ou les faiblesses de juge et qu'il ne sera puni que d'une peine minime s'il commet telle ou telle infraction serait funeste à l'armée et à la discipline absolue qui la maintient et fait sa force.

Conclusion générale

Si l'ignorance, la mauvaise connaissance ou la fausse interprétation des règles de droit peuvent être tolérées dans le chef des profanes, la société se montre beaucoup plus intransigeante à l'égard des professionnels du droit, notamment les magistrats, les avocats, les défenseurs judiciaires, les professeurs, étudiants, le personnel judiciaire… parce que leurs lacunes peuvent être désastreuses dans la mesure où elles touchent à ce que l'homme a de plus précieux : sa liberté, voire sa vie.[280]

Dès qu'une loi est publiée, c'est-à-dire insérée dans le *Journal Officiel*, on dit qu'elle est censée connue et est opposable à tous, d'après la maxime « *nul n'est censé ignorer la loi* ».[281]

Dans cet ouvrage, nous nous sommes assigné deux objectifs. D'une part de relever certaines spécificités de la procédure pénale militaire par rapport à la procédure pénale ordinaire ou de droit commun étant donné que l'approche comparative de la procédure pénale applicable devant les instances judiciaires militaires par rapport à celle de droit commun est d'intérêt pratique. Car elle permet de dégager les traits communs à ces deux procédures, c'est-à-dire rapprocher autant que possible la compréhension des dispositions légales et de relever les particularités propres à la procédure pénale militaire.[282]

Et d'autre part de confronter ces deux procédures aux droits reconnus par la Constitution de la République Démocratique du Congo et les différents instruments juridiques internationaux des

---

[280] MUKENDI TSHIDJA-MANGA F, *Op.Cit*, p. IX

[281] BAYONA-ba-MEYA MUNA KIMVIMBA, Premier Président de la Cour Suprême de Justice, audience solennelle de rentrée judiciaire du 10/11/1977 in Bulletin de 1977, année 1977, p.159.

[282] KILIPIMPI mwa KILIPIMPI et MUKENDI TSHIDJA MANGA : Procédure pénale militaire, *Approche comparative avec la procédure pénale ordinaire*, RCN, Kin, avril 2006, p. 5.

droits de l'homme signés par notre pays pour adapter les textes de ces deux procédures à la Constitution du 18 février 2006 ou aux traités et conventions internationaux relatifs aux droits dûment ratifiés étant donné que dès leur publication au Journal Officiel, ils acquièrent une autorité supérieure à celle des lois internes conformément aux dispositions de l'article 215 de la Constitution.

Les spécificités entre les deux procédures pénales ont été relevées notamment dans l'organisation des juridictions, dans la mise en mouvements des actions dans ces deux procédures, dans les actes posés pendant la phase préjuridictionnelle de ces deux procédures, dans la saisine des juridictions, les délais de procédures et la manière de la signification des exploits, dans le déroulement des audiences notamment les pouvoirs reconnus aux juges, dans l'assistance ou de la représentation des parties, le règlement des juges, dans le délibéré, dans le prononcé, les délais des voies de recours ainsi que dans l'exécution des décisions rendues.

Il est à constater également que le juge militaire reste un juge de discipline contrairement à son collègue civil qui est juge de liberté.

C'est le lieu de souligner et de proposer à titre de *lege ferenda* certains points notamment : la nécessité de l'institution de chambre de conseil en matière de la détention préventive en procédure pénale militaire pour le contrôle de la détention au lieu de laisser ce pouvoir de contrôle à l'autorité hiérarchique du Ministère Public instructeur. Cela, afin de garantir les justiciables contre les abus du parquet, étant donné que l'absence d'un contrôle juridictionnel va à l'encontre de l'esprit de la Constitution.

La procédure pénale militaire actuelle, comme l'affirment plusieurs doctrinaires, est la source de beaucoup d'abus et d'irrégularités en matière de détention préventive des justiciables militaires, car ces derniers sont laissés à la merci du Ministère Public qui se voit accorder des pouvoirs exorbitants en cette matière par rapport à son collègue établi près les juridictions de droit commun. Dans la plupart des cas, les détentions préventives des justiciables militaires sont illégales, irrégulières ou même inopportunes.

Dans le cadre de *lege ferenda*, nous proposons que la citation directe soit retenue comme l'autre mode de la saisine de la juridiction militaire pour permettre à la partie lésée d'une infraction commise par un justiciable d'une juridiction militaire de saisir directement ladite juridiction au lieu d'être obligée de passer par l'Auditorat militaire afin de garantir la protection des droits de l'homme et de contourner les manœuvres dilatoires des parquets.

Aussi, nos propositions sont allées également dans le sens de la suppression de l'article 299 du CJM qui crée l'arbitraire dans le chef des juges des juridictions militaires ainsi que le renforcement de la présence de plus d'un juge, magistrat de carrière, dans toutes les compositions des juridictions militaires.

Il serait également judicieux de reconnaître aux parties, prévenues comme aux parties civiles, dans un procès, le droit de poser des questions directement aux autres parties ou aux témoins à l'instar du Ministère Public afin de mettre toutes les parties au procès sur le même pied d'égalité et avoir des armes égales.

Enfin, l'augmentation des jours dans les délais de procédure comme ceux des voies de recours est aussi souhaitable pour éviter d'être en marge des instruments juridiques internationaux de protection des droits humains, dont le droit de la défense.

La prise en compte des propositions ci-haut contribuera à l'humanisation de la procédure pénale en général et de la procédure pénale militaire en particulier.

Bibliographie

I. TEXTES JURIDIQUES

Textes juridiques internationaux

- Charte africaine des droits de l'homme et des peuples.
- La Convention (I) de Genève pour l'amélioration du sort des blessés et des malades dans les forces armées en campagne de 1949.
- Convention (II) la Convention de Genève pour l'amélioration du sort des blessés, des malades et des naufragés des forces armées sur mer de 1949.
- Convention (III) de Genève relative au traitement des prisonniers de guerre de 1949
- Déclaration Universelle des Droits de l'Homme.
- Pacte International relatifs aux Droits Civils et politiques du 16 décembre 1976.
- Statut de la Cour Pénale Internationale.

Textes juridiques nationaux

- Constitution de la République Démocratique du Congo.
- Loi n° 023/2002 du 18 novembre 2002 portant Code Judiciaire Militaire.
- Loi n° 13/005 du 15 janvier 2013 portant statut du militaire des Forces armées de la République Démocratique du Congo.

– Loi n° 13/013 du 1er juin 2013 portant statut du personnel de carrière de la police nationale.

- Loi n° 09/001 du 10 janvier 2009 portant protection de l'enfant.

- Loi n° 13/011-B du 11 avril 2013 portant organisation, fonctionnement et compétences des juridictions de l'ordre judiciaire.

- Loi organique n° 13/026 du 15 octobre 2013 portant installation de la Cour constitutionnelle.

– Loi organique n° 23/010 du 19 février 2013 relative à la procédure devant la Cour de Cassation.

– Ordonnance-Loi n° 72/060 du 25 septembre 1972 portant institution du Code de Justice Militaire.

– Ordonnance n° 78/289 du 03 juillet 1978 relative à l'exercice des attributions des Officiers et Agents de la Police Judiciaire près les juridictions de droit commun.

– Ordonnance-loi n° 78-001 du 24 février 1978 relative à la répression des infractions flagrantes.

– Ordonnance n° 16/070 du 22 août 2016 portant dispositions relatives au Statut particulier des membres de la Cour Constitutionnelle.

– Décret du janvier 1940 portant Code Pénal Congolais Livre II tel que modifié à ce jour.

– Arrêté d'organisation judiciaire n° 299/79 du 20 août 1979 portant Règlement intérieur des cours, tribunaux.

– Règlement intérieur de la Cour Constitutionnelle.

II. **OUVRAGES**

- BETU NZUJI Achille : *La récusation et suspicion légitime en droit congolais : Garantie d'une justice équitable*, Médiaspaul, Kinshasa, 2013.
- CORNU Gérard, *Vocabulaire juridique*, P.U.F, Paris, 2010.
- DIBUNDA, *Répertoire général de la jurisprudence de la Cour Suprême de Justice 1969 – 1985*, éd PPDZ, Kinshasa, 1990.

GOHR A, *De l'organisation judiciaire et de la compétence en matière civile et commerciale au Congo*, Imprimerie H. Vaillant-Carmanne (S.A), Liège, 1910.

KALINDYE BYANJIRA D., *Droit international humanitaire*, L'Harmattan, Paris, 2015.

- KAMBALA MUKENDI Jean Isaac Camille, *Eléments de droit judiciaire congolais*, Universitaires africaines, Kinshasa, 2009.
- KATUALA KABA KASHALA, *L'action publique à travers les jurisprudences* et *doctrines congolaise, belge et française*, Batena Ntambua, Kinshasa, 2004.
- KATUALA KABA KASHALA, *Code judiciaire zaïrois annoté*, éd. Asyst S.p.r.l, Kinshasa, 1995.
- KATUALA KABA-KASHALA, *L'appel à travers les jurisprudences et doctrines congolaise, belge et française récentes*, Batena Ntambwa, Kinshasa, 2004.
- KIKANGALA EBONDO Didi, *Le pénal tient le civil en état. Interprétation et application par les juridictions congolaises*, éd. Les Erudits, Lubumbashi, 2014.
- KILALA Pene-AMUNA Gabriel, *Attributions du Ministère public et procédure pénale*, Tome I, Amuna, Kinshasa, 2006.

- KILALA Pene-AMUNA, G., *Attributions du Ministère public et procédure pénale*, Tome 2, éd. Amuna, Kinshasa, 2006.
- KILALA Pene-AMUNA et KALALA Muena MPALA, *Procès de jours : Analyse des exceptions soulevées*, Tome I, éd. Blessing, Kampala, 2021.
- KILIMPIMPI mwa KILIMPIMPI Rémy Ruphin et MUKENDI TSHINDA MANGA Freddy, *Procédure pénale militaire : Approche comparative avec la procédure ordinaire*, RCN, Kinshasa, 2006.
- LAMY E., *Cours de compétence et de procédure pénale*, cours polycopié, année académique 1970-1971.
- LIKULIA BOLONGO, *Droit pénal militaire*, éd. LGDJ, 1977.

LUKOO MUSABAO R., *La jurisprudence congolaise de droit du travail et sécurité sociale*, éd. On s'en sortira, Kinshasa, 2006.

LUZOLO BAMBI LESSA E., *Manuel de procédure pénale*, P.U.C, Kinshasa, 2011.

- MATADI NENGA GAMANDA, *Le droit à un procès équitable*, éd. Droit et idées nouvelles, Bruxelles, 2002.
- MASANI MASTSHI H. et alii, *Les arrêts de la Cour d'appel de Bandundu (Octobre 2009 à décembre 2021) avec notes.*

  Service de documentation et d'études du ministère de la Justice, Kinshasa, 2011.
- MASUANGI MBUMBA Jules, *Des questions controversées de procédures civile et pénale devant les juridictions de droit commun*, Presses de la Funa, Kinshasa, 2014.

- MAYIZA KALA Jonathan, *Droit judiciaire militaire congolais*, éd CERJI, Goma, 2021.
- MBATA BETUKUMESU MANGA A., *Abolition de la peine de mort et constitutionnalisme en Afrique*, L'Harmattan, Paris, 2011.
- MUGANZA MUYUMBA, *L'exception d'inconstitutionnalité des lois en droit positif congolais*, éd. Malaika, Kinshasa, 2016.
- MUKADI BONY, *Procédure civile*, Batena Ntambwa, Kinshasa, 1999.
- MUKENDI TSHIDJA-MANGA Freddy, *Procédure pénale militaire congolaise*, On s'en sortira, Kinshasa, 2013.
- MULENDA LUTETE DJAWO Franck, *Etudes de quelques questions fondamentales de la procédure pénale de droit commun et de la procédure pénale militaire. Recueil de mes communications. Tome I*, éd. Droit et société « DES », Kinshasa, 2018.
- MUTATA LUABA L., *Droit pénal militaire congolais*, Service de Documentation et d'études du Ministère de la Justice et de Garde des sceaux, Kinshasa, 2005.

NAWELE MUKONGO. C., *Guide pratique du cérémonial des juridictions militaires*, R.D.C, février-mars, 2006.

- NGANDA FUMABO Luc, *L'audience judiciaire*, les éditions Rivages africains, Kinshasa, 2012.
- NKONGOLO TSHILENGU Mathieu, *Droit judiciaire congolais, le rôle des cours et tribunaux dans la restauration d'un droit violé ou contesté*, Service de Documentation du Ministère de la justice, Kinshasa, 2003.
- NYABIRUNGU mwene SONGA, *Droit pénal général zaïrois*, DES, Kin, 1989.

- PONGO WONYA Landry, *Guide de procédure pénale congolaise*, 2é édition Hans Kelsen, Kinshasa, 2017.
- SOHIER Antoine, *Droit de procédure du Congo belge*, 2e édition, Larcier, Bruxelles, 1955
- TENGA TUNDA Marcel, *Rédaction des jugements. Guide pratique*, P.U.C, Kinshasa, 2021.
- WEMBOLUA OTSHUDI KENGE H., *Réflexions sur la Déclaration Universelle des Droits de l'Homme. Valeur, contenu et importance vus d'Afrique*, L'Harmattan, Paris, 2015.
- YANDA MUSHALA R., *Les droits de la défense en droit congolais*, éd Intellect, Mbandaka, janvier 2015.

III. LES ARTICLES

- AKELE ADAU Pierre, *Droit de procédure pénale militaire,* module du séminaire de formation des magistrats militaires et des avocats de la défense, MONUC, Kinshasa, 2007.
- BAYONA-BA-MEYA MUNA KIMVIMBA, Premier Président de la Cour Suprême de Justice, Audience solennelle de rentrée judiciaire du 10/11/1977, in *Bulletin de 1977*, année 1977.

KINGUDI MUNGUL KUDIA, La commission rogatoire en droit judiciaires congolais, les difficultés dans la procédure devant les juridictions ordinaire et militaire, in *Les Analyses juridiques,* n° 25-26, 2013.

– Bulletin des arrêts de la Haut Cour Militaire, 3e éd. 2013.

Table des matières

Structures éditoriales du groupe L'Harmattan

L'Harmattan Italie
Via degli Artisti, 15
10124 Torino
harmattan.italia@gmail.com

L'Harmattan Hongrie
Kossuth l. u. 14-16.
1053 Budapest
harmattan@harmattan.hu

L'Harmattan Sénégal
10 VDN en face Mermoz
BP 45034 Dakar-Fann
senharmattan@gmail.com

L'Harmattan Cameroun
TSINGA/FECAFOOT
BP 11486 Yaoundé
inkoukam@gmail.com

L'Harmattan Burkina Faso
Achille Somé – tengnule@hotmail.fr

L'Harmattan Guinée
Almamya, rue KA 028 OKB Agency
BP 3470 Conakry
harmattanguinee@yahoo.fr

L'Harmattan RDC
185, avenue Nyangwe
Commune de Lingwala – Kinshasa
matangilamusadila@yahoo.fr

L'Harmattan Congo
219, avenue Nelson Mandela
BP 2874 Brazzaville
harmattan.congo@yahoo.fr

L'Harmattan Mali
ACI 2000 - Immeuble Mgr Jean Marie Cisse
Bureau 10
BP 145 Bamako-Mali
mali@harmattan.fr

L'Harmattan Togo
Djidjole – Lomé
Maison Amela
face EPP BATOME
ddamela@aol.com

L'Harmattan Côte d'Ivoire
Résidence Karl – Cité des Arts
Abidjan-Cocody
03 BP 1588 Abidjan
espace_harmattan.ci@hotmail.fr

Nos librairies en France

Librairie internationale
16, rue des Écoles
75005 Paris
librairie.internationale@harmattan.fr
01 40 46 79 11
www.librairieharmattan.com

Librairie des savoirs
21, rue des Écoles
75005 Paris
librairie.sh@harmattan.fr
01 46 34 13 71
www.librairieharmattansh.com

Librairie Le Lucernaire
53, rue Notre-Dame-des-Champs
75006 Paris
librairie@lucernaire.fr
01 42 22 67 13

www.ingramcontent.com/pod-product-compliance
Lightning Source LLC
LaVergne TN
LVHW010941061026
849535LV00007B/2521
9782140345197